Le stade de l'ancienne Messène.
P. Eastland/age fotostock

BIENVENUE DANS LE PÉLOPONNÈSE

COVID-19

Attention, les horaires et les modalités d'accueil des sites touristiques sont susceptibles de changer en fonction de l'évolution de la crise sanitaire.
De nombreux musées et monuments imposent désormais la réservation en ligne. Vérifiez les conditions de visite afin d'éviter toute déconvenue.

Arriver dans le Péloponnèse

L'**aéroport d'Athènes** permet de rejoindre facilement le Péloponnèse. Pensez aussi, de mai à octobre, aux vols Paris-**Kalamata**, permettant d'atterrir directement dans le Péloponnèse.

En avion par Athènes

Aéroport Eleftherios-Venizelos – À Markopoulos (27 km au sud-est du centre-ville) - ✆ 210 35 30 000 - www.aia.gr.

Rejoindre le Péloponnèse en train

Proastiakos – www.hellenictrain.gr. Ce train relie l'aéroport, Athènes et Le Pirée à Corinthe dans le Péloponnèse. Ttes les h, de 5h30 à 22h30 - durée : env. 1h.

Rejoindre le Péloponnèse en bus

Gare routière KTEL Kifissiou – Au nord-est d'Athènes - 100 r. Kifissou - ✆ 210 51 24 911. 10 bus/j pour Loutraki et liaisons dans tout le Péloponnèse.

Rejoindre le Péloponnèse en voiture

Plusieurs loueurs proposent leurs services à l'aéroport, au niveau des arrivées de l'aérogare principal (Avis, Budget, Hertz, Sixt, etc.). Au départ de l'aéroport, prendre l'A 8, puis la E 94 à partir d'Athènes et traversez le canal de Corinthe. D'Athènes, vous rejoignez Corinthe en 1h env. (83 km).

En avion par Kalamata

Aéroport de Kalamata – À 8 km au nord-ouest de la ville - ✆ 273 60 63 800/805 - www.kalamata-airport.airportfield.com. Vols directs en saison de Paris Orly (Transavia), Paris CDG (Aegean Airlines) et Zurich (Edelweiss Air) et vers Thessalonique (Olympic Air). Location de voiture à l'aéroport.

Pour rejoindre le centre-ville d'Athènes à partir de l'aéroport

En bus –athensairportbus.com. X95 vers le centre d'Athènes (Syntagma), 24h/24, ttes les 20mn en journée, ttes les h la nuit - trajet entre 1h et 1h30 selon la circulation - 5,50 € ; X96 vers Le Pirée, 24h/24.
En métro – La ligne 3 relie l'aéroport au centre-ville (Syntagma ou Monastiraki) en 50 à 70mn. De 5h30 à 0h30, ttes les 30mn - 9 € (16 €/2 pers.). Vous pouvez aussi emprunter le suburbain avec une correspondance à Nératzotissa.
En voiture – Comptez environ 1h.
En taxi – Tarifs forfaitaires : 40 € en journée ; 55 € de minuit à 5h.

Canal de Corinthe.
Gargolas/Getty Images Plus

Nos incontournables

notre sélection des plus beaux sites

★★★ **Épidaure**
Carte D2 - p. 53

★★★ **Mycènes**
Carte D2 - p. 42

★★ **Ancienne Corinthe**
Carte D2 - p. 37

★★ **Nauplie**
Carte D2 - p. 47

★★★ **Mystra**
Carte C3 - p. 68

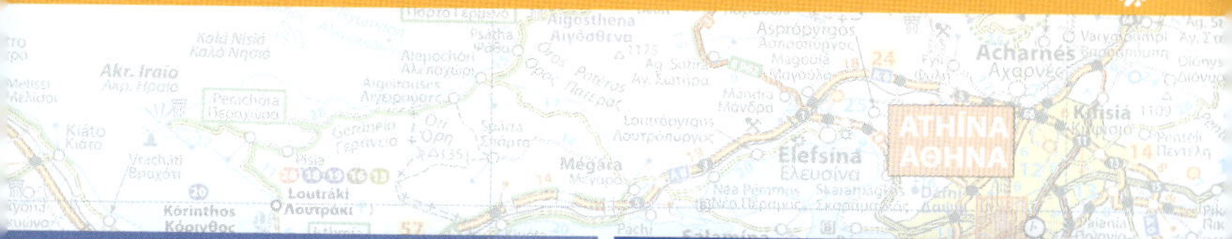

★★★ **Olympie**
Carte B2 - p. 77

★★★ **Delphes**
Carte C1 - p. 91

★★★ **Athènes et l'Acropole**
Carte EF 1-2 - p. 14

★★ **Gorges du Loussios**
Carte C2 - p. 84

★★ **Le Magne**
Carte C4 - p. 60

Nos coups de cœur

Prendre de la hauteur à Nauplie, en grimpant les 857 marches qui mènent de la place des trois-Amiraux à la citadelle de Palamède, juchée à 216 m d'altitude sur un imposant rocher. À chaque palier, reprenez votre souffle et profitez de la vue qui se dévoile davantage sur la mer... *Voir p. 50.*

S'isoler sur la plage de Golden Beach au nord de Pylos, un croissant de sable doré inscrit dans la péninsule de Methoni. Abritée à l'ouest par l'île de Sfaktiria, la rade fut aussi le lieu de la bataille de Navarin en 1827. *Voir p. 74.*

Manger tard (très tard) à Athènes. Dans les tavernes de Plaka comme au Kafé Avissinia, à Monastiraki, on savoure le plaisir délicieux de débarquer après 22h pour dîner. *Voir p. 100-101.*

S'étonner devant le canal de Corinthe le temps d'une pause sur la route, avant de franchir l'isthme. Avancez-vous sur le pont qui l'enjambe et laissez-vous gagner par le vertige. Creusée en 1893, cette étroite tranchée rectiligne de 6,3 km de longueur entre deux parois de 80 m de hauteur ne cesse de surprendre. *Voir p. 36.*

Remonter le temps à Aréopoli. Autrefois appelé Tsimova, ce village du Magne fut le fief du clan Mavromichalis qui entraîna la guerre d'Indépendance en 1821. Installez-vous dans un café de la rue principale ou de la place où s'élève l'élégante église des Taxiarques. *Voir p. 63.*

Se baigner au pied de la cité médiévale de Monemvassia. Une porte dans les remparts donne accès à un petit quai, d'où une échelle descend dans les eaux limpides de la Méditerranée. Un lieu connu principalement des locaux... Inoubliable ! *Voir p. 58.*

Oublier la ville à Hydra. À 1h30 de bateau du Pirée, loin de l'agitation de la capitale, le plaisir de découvrir une île grecque interdite aux voitures n'a pas de prix. *Voir p. 34.*

Se laisser emporter par le rebetiko. Longtemps clandestine, cette musique populaire mélancolique exprimait, dans les années 1920, la détresse des réfugiés d'Asie Mineure. Près d'un siècle plus tard, ce « blues grec » trouve toujours un écho, au son du bouzouki. *Voir p. 122.*

Écouter Aristophane sous les étoiles, dans le théâtre antique d'Épidaure, à l'acoustique extraordinaire. Chaque été, lors du **festival d'Athènes et d'Epidaure**, les textes d'Eschyle, Sophocle, Euripide ou Aristophane sont déclamés et retrouvent vie dans leur décor d'antan. Et peu importe si l'on ne comprend pas le grec, l'émotion est là. *Voir p. 148.*

Gatsi/Getty Images Plus

Le port de Githio.

Assister à la relève des evzones à Athènes. Chaque heure, le ballet de ces gardes en fustanelle – une jupe blanche dont les 400 plis symbolisent les quatre siècles d'occupation ottomane – nous plonge dans une autre époque. *Voir p. 28.*

Remonter les gorges du Vouraïkos. Conçu par des ingénieurs français en 1896, un train à crémaillère partant de Diakofto vous transportera en une heure jusqu'à Kalavrita en franchissant au passage ce paysage vertigineux. *Voir p. 89.*

Savourer d'excellents poissons et fruits de mer dans le Magne. Régalez-vous en terrasse d'un poisson grillé ou d'une salade de poulpe à Githio, petit port de pêche situé dans le golfe de Laconie, ou poussez jusqu'à Geroliménas, bourgade de bout du monde doté d'une petite plage. *Voir p. 106 et 63.*

S'émouvoir devant les frises manquantes du musée de l'Acropole, à Athènes. La « salle du Parthénon » reconstitue l'illustre frise des Panathénées. Entre deux blocs, des copies sobrement estampillées « BM » rappellent que les deux tiers des marbres sont exposés au British Museum de Londres. *Voir p. 19.*

Le Péloponnèse en 1 semaine

Jour 1

Matin

Louez une voiture à l'aéroport d'Athènes. Sur la route, prévoyez un arrêt devant le célèbre **canal de Corinthe★★** *(p. 36)*.

Après-midi

Découverte du **site archéologique de l'ancienne Corinthe★★** *(p. 37)* et de son musée, puis balade sur les hauteurs de l'**Acrocorinthe★★** *(p. 40)*.

Soir

Nuit à Loutraki.

Jour 2

Matin

Direction Nauplie, pour deux nuits, excellente base pour rayonner vers les sites archéologiques de la région. Commencez par **Mycènes★★★** *(p. 42)*, passez sa célèbre **porte des Lionnes★★★** et visitez l'une des plus anciennes citadelles de l'histoire.

Après-midi

Découverte de l'ancienne capitale grecque de **Nauplie★★** *(p. 47)* : balade sur la **promenade d'Arvanitia★** *(p. 48)* et montée à **Acronauplie** ou à la **citadelle de Palamède★★** *(p. 50)* pour la vue.

Soir

Déambulation et dîner dans les venelles de la vieille ville de Nauplie.

Jour 3

Matin

Lever à l'aube pour arriver au **site d'Épidaure★★★** *(p. 53)* à l'ouverture. Filez vers le **théâtre★★★** et testez son incroyable acoustique en déclamant sur la scène, avant l'arrivée de la foule.

Après-midi

Pour profiter un peu de la mer, rentrez en faisant un détour par la station balnéaire de **Tolo** *(p. 52)* avec café et baignade sur la longue plage de sable.

Jour 4

Matin

Cap sur **Mystra★★★** *(p. 68)*, l'ancienne capitale byzantine de la Morée. Visiter la **ville haute★★** et son **château★**, puis rejoignez la **ville basse★★** dont les monastères conservent des fresques exceptionnelles.

Après-midi

Départ pour **Kalamata** *(p. 67)*. Balade dans la ville et son kastro. Possibilité de baignade en fin de journée.

Soir

Dîner en bord de mer, ou dans le quartier piétonnier de Kalamata.

Jour 5

Matin

Départ pour **Olympie★★★** *(p. 77)*. Visite du site archéologique ; prévoyez

R. Mattes/hemis.fr

Fresque du monastère de la Pandanassa à Mystra.

quelques foulées dans le **stade★★** des Jeux antiques *(p. 80)*.

Après-midi

Découverte du **musée archéologique★★★** *(p. 80)*, parmi les plus riches musées du pays (attardez-vous notamment devant la **statue d'Hermès** de **Praxitèle★★★**).

Soir

Nuit à Olympie.

Jour 6

Matin

Dirigez-vous vers **Delphes★★★**, *via* **Patra** *(p. 88)* et le **pont Rio-Antirio**.

Après-midi

Direction le **sanctuaire d'Apollon★★★** *(p. 91)*. Grimpez à flanc de montagne en haut du plus important lieu saint de la Grèce antique. Terminez par la visite du **musée archéologique★★★** *(p. 94)* où vous pourrez admirer l'extraordinaire statue de bronze de l'**Aurige de Delphes★★★**.

Soir

Nuit à Delphes.

Jour 7

Matin

Retour à Athènes.

Après-midi

Ne manquez pas **l'Acropole★★★** *(p. 14)* et/ou la visite de son **musée★★★** *(p. 19)*. Le temps d'un café, rendez-vous à **Plaka★★** *(p. 21)*, dans le quartier paisible et poétique des hauteurs d'**Anafiotika★★** *(p. 22)*.

Soir

Dîner dans les quartiers d'**Exarhia** ou de **Psiri**. Nuit à Athènes.

Et si vous restiez 3 ou 4 jours de plus ?

Vous pouvez faire un détour par la cité médiévale de **Monemvassia★★** (p. 58), le **Magne★★** (p. 60) ou la **péninsule de Methoni★** (p. 71), principales curiosités de la côte sud ; ou profitez-en pour explorer davantage Athènes et ses merveilles (le **Musée archéologique national★★★**, l'**Olympiéion★★**, la vue du **mont Lycabette★★** et, dans les environs, la **Fondation Stavros Niarchos★** conçue par l'architecte italien Renzo Piano).

VISITER LE PÉLOPONNÈSE

Église Christos Elkoménos, à Monemvassia.
Jon Arnold Images/hemis.fr

Le Péloponnèse aujourd'hui

« Kalos irthate » : bienvenue dans la Grèce éternelle ! Le Péloponnèse ne doit-il pas son nom à Pélops, fils de Tantale et Dioné ? Ici, les dieux de la mythologie ne sont jamais loin... N'est-ce pas dans cette région qu'Hercule a accompli sept de ses douze travaux légendaires ? Chaque été, ce patrimoine, qui résonne de noms magiques comme Épidaure ou Olympie, attire des foules, toujours nombreuses. Heureusement, il est aisé d'y échapper, même en haute saison : un détour sur l'une de ses petites routes jalonnées de lauriers-roses et d'oliviers, et le tour est joué.

Un berceau d'histoire(s)

Le Péloponnèse se parcourt encore comme un livre d'histoire à ciel ouvert. Sur les dix-huit sites grecs inscrits sur la liste du Patrimoine mondial de l'Unesco, cinq se trouvent dans le Péloponnèse. De la porte des Lionnes de **Mycènes** au stade d'**Olympie**, en passant par le théâtre d'**Épidaure**, le temple d'Apollon à **Bassae**, et **Mystra**, capitale de la Morée byzantine... des millénaires d'histoire vous attendent.

Pour autant, le patrimoine du Péloponnèse ne saurait se réduire à l'Antiquité ou à ses églises byzantines. Ses **châteaux médiévaux** rappellent que la région a aussi été occupée par les Francs, qui s'adjugèrent le titre de « princes de Morée ». Les **Vénitiens**, et bien sûr les **Ottomans**, y ont également laissé des traces, jalonnant les côtes de forteresses qui tutoient les cieux. Le Péloponnèse fut aussi le premier à se soulever contre l'occupant turc en 1821, et Nauplie devint la deuxième capitale de l'État grec libre (1828-1834), après Égine et avant Athènes.

Une presqu'île aux multiples atouts

Grand comme la Lorraine, le Péloponnèse couvre 21 379 km^2 pour 1,1 million d'habitants. Île – ou presqu'île selon les points de vue – cette région, aux 1 500 km de côtes, est très accessible, bien qu'elle soit techniquement séparée du reste du continent par le titanesque **canal de Corinthe**, creusé en 1893. Loin d'être isolée, elle est rattachée à Athènes par un train « suburbain », qui relie l'aéroport de la capitale grecque à Corinthe. Et côté nord, le pont Rio-Antirio, inauguré à la veille des Jeux olympiques de 2004 à Athènes, permet d'atteindre Delphes ou le nord du pays, sans passer par l'Attique.

Le Péloponnèse vit avec son temps et son but affiché est clair : attirer encore davantage de touristes. Depuis 2015, le nombre de visiteurs en Grèce ne cesse d'augmenter. Pour accompagner cette croissance, le pays, qui tire un quart de ses ressources du **tourisme**, veut diversifier son offre et l'étaler

uguhan/Getty Images Plus

Bateau à voile sur le canal de Corinthe.

davantage tout au long de l'année. À ce titre, le Péloponnèse s'impose aujourd'hui comme l'une des clés du développement, car il s'appuie sur de nombreux atouts : une histoire, un patrimoine, de splendides paysages, une douceur de vivre et un charme en toute saison.

Laisser le temps s'écouler

Partout, sur une place de village ombragée ou sur le quai d'un petit port, au bord de l'eau, vous attend une petite taverne. Sur une nappe en papier, le bonheur se résume souvent à une salade de poulpe ou des sardines grillées, accompagnées d'un pichet de vin blanc frais ou d'un verre d'ouzo. Dans une relation au temps inégalée, la devise des Grecs (« Siga, siga » : prenez votre temps) est de ne rien précipiter. Le bleu du ciel, le rouge des bougainvilliers, l'ocre des murets en pierre... Tout y est ! Enivré par la vue, on contemple alors à loisir ces décors naturels que l'on croirait inchangés depuis l'Antiquité.

Des paysages à la beauté sauvage

Prenez ensuite la route et laissez-vous transporter par les magnifiques paysages de la région. En quittant l'**Argolide** vers **Monemvassia**, village accroché à un rocher abrupt à la pointe sud de la Laconie, vous cheminerez parmi des étendues bucoliques et des parfums de basilic et d'orangers. Dans la **péninsule du Magne**, des maisons-tours carrées ponctuent soudain le paysage d'une austère beauté. En remontant vers **Olympie**, vous découvrirez, dans la **péninsule de Methoni**, les plus belles plages – et aussi les moins fréquentées – de Grèce. Entre croissants de sable et petites criques de galets cachées, le Péloponnèse invite, aussi, à la baignade...

Découvrir le Péloponnèse, c'est aussi prendre le temps de s'égarer dans des contrées insoupçonnées. Alors qu'elle renferme une partie des sites antiques majeurs du pays, la région garde encore une belle part de lieux méconnus, de plages peu fréquentées, de villages attachants et de sublimes paysages de montagnes entre Élide et Arcadie, émaillés de bourgs pittoresques. De quoi être gagné par le « nostos », ce mot-clé de l'*Odyssée* qui traduit le désir du retour chez soi...

Athènes★★★

(Athína - Αθήνα)

Du rocher de l'Acropole, celle que l'on surnomme Tsimentoupoli (« la ville de ciment ») s'étend à perte de vue, concentrant plus du tiers de la population de la Grèce. Si le Parthénon et ses trésors archéologiques fascinent, la capitale n'a rien d'une galerie d'art figée dans le marbre. En témoignent les quartiers de Psiri et Gazi devenus les rendez-vous de la jeunesse athénienne, le nouveau musée national d'Art contemporain, ou encore, dans les environs, l'architecture avant-gardiste de la fondation Niarchos signée par Renzo Piano. Rien ne semble détourner les touristes de cette cité, tour à tour sublime et épuisante, mais toujours attachante.

▶ **Accès :** de l'aéroport Elefthérios Venizélos *(voir encadré p. 3)*.

Plan de Plaka p. 16-17. Plan détachable d'Athènes.

▶ **Conseil :** surtout pour la visite de l'Acropole, achetez vos billets en ligne et essayez de venir dès l'ouverture, avant l'arrivée des groupes, pour profiter plus sereinement des lieux.

PARC ARCHÉOLOGIQUE

Acropole ★★★

(Akropoli - Ακρόπολη)

D6 *Deux accès principaux : r. Dionysiou-Areopagitou, en montant au niveau de l'Odéon d'Hérode Atticus vers la billetterie de la pointe ouest (accès au Rocher par la porte Beulé) ; par la billetterie sud-est, à côté du Centre d'information touristique (angle r. Dionysiou-Areopagitou et Thrasyllou, qui descend de Plaka), avec accès par le théâtre de Dionysos - Ⓜ Akropoli, ou à pied en arrivant de Plaka - ☏ 210 32 14 172 - billetterie en ligne : etickets.tap.gr - (♿ ascenseur jusqu'au niveau du Parthénon) - 8h-20h (17h nov.-mars) - 20 € (10 € en hiver ; -18 ans gratuit) ; 30 € billet combiné avec le Parc archéologique (valable 5 j pour l'Ancienne Agora et son musée, la bibliothèque d'Hadrien, le site de Keramikos et son musée, le site archéologique du Lykeion, l'Agora romaine, l'Olympéion).*

Majestueux vaisseau de pierre érigé au siècle de Périclès, l'Acropole, dont le nom signifie « ville haute », domine Athènes depuis plus de 2500 ans. Les premiers habitants y bâtirent une forteresse qui devint la plus puissante cité de la Grèce antique. Avec les pyramides d'Égypte et le Colisée de Rome, le Parthénon est le monument le plus célèbre de l'Antiquité. Construit au 5e s. av. J.-C., il demeure le symbole de la grandeur d'Athènes à l'époque de la démocratie triomphante.

Propylées ★★

Élevés entre 437 et 432 av. J.-C. (et jamais achevés à cause des guerres du

L'Acropole et le Parthénon.

Péloponnèse), ils marquaient l'entrée du site. L'ensemble comprend un corps central flanqué de deux ailes dissymétriques. La partie centrale était précédée d'un portique dont subsistent six colonnes doriques. Au-delà s'ouvre le vestibule. Au fond, cinq portes débouchant sous un portique menaient à l'esplanade de l'Acropole.

Les Propylées franchis, on débouche sur le vaste parvis du **téménos** (l'espace sacré), au centre duquel se dressait, au 5e s. av. J.-C., une statue d'Athéna Promachos haute de 9 m.

Parthénon ★★★ (Παρθενώνας)

Légèrement surélevé, décalé de trois quarts par rapport à l'axe des Propylées, le temple offre d'emblée son meilleur aspect *(l'intérieur et les abords immédiats ne sont pas accessibles)*. Imaginez son imposante façade bariolée de rouge, de jaune et de bleu ! Bâtiments et statues étaient à l'origine entièrement peints : sur les **frontons**, des sculptures polychromes se détachaient sur fond bleu.

Commandé par Périclès, le temple à la gloire d'Athéna et de sa cité fut réalisé de 447 à 438 av. J.-C. sous la direction du sculpteur **Phidias**.

Il resta quasiment intact jusqu'au bombardement de l'Acropole par les Vénitiens, en 1687. Au début du 19e s., une grande partie de la frise était encore en place lorsque Lord Elgin, ambassadeur anglais, s'empara en 1807 des plus précieux éléments. Du

PLÁKA
OMÓNIA
Ermoú
Platía Assomáton
Ag. Théklas
Ag. Irínis
Athinás
Ermoú
Platía Avissinías
MONASTIRÁKI
Panagía Pandánassa
Thissío
Adrianou
Marché aux puces
Ifféstou
Platía Monastiráki
Monastiráki
THISSÍO
Adrianou
Pandróssou
Tzistarakis
Musée de la culture grecque moderne
Bibliothèque d'Hadrien
Eólou
Thissío
Portique des Géants
Mitrôon
Bouleutérion
Tholos
Odéon d'Agrippa
Stoa d'Attale
Áreos
Musée des Instruments grecs de musique traditionnelle
Dexípou
Taxiarques
Fetiye Djami
Pikílis
Stoa du milieu
Ancienne Agora
AGORA ROMAINE
AÉRIDES
Ágii Apóstoli
Polignótou
Dióskourou
Panós
Andokídou
Tour des Vents
Mitróou
Thrassívoulou
Thólou
Musée Canellopoulos
Aretoússas
Theorías
Vieille Université
Aréopage
Péripatos
ÉRECHTHÉION
Propylées
ACROPOLE
Apostólou Pávlou
Pnyx
Odéon d'Hérode Atticus
Sanctuaire d'Asclépios
Á. Dimítrios Lombardiáris
Dionissíou Areopagitou
Robértou Gáli
COLLINE DES MUSES
Garibaldi
Propiléon
Erehtíou
Parthenónos
Kalispéri
Kariatídon
N
0
50
100
150 m

OMÓNIA
Agía Iríni
Kapnikaréas
Athinaídon
Evagelistrías
Fokíonos
Kornárou
Léka
Kolokotróni
Voulís
E. Venizélou
Voukourestíou
Hôtel Grande-Bretagne
Kapnikaréa
Perikléos
Diomías
Níkis
K. Servías
Georgíou A
Mitropóleos
Ermoú
Place Syntagma
Grande Métropole
Petráki
Skópa
Platía Mitropóleos
Ipatías
Patróou
Pendélis
Óthonos
Síndagma
Petite Métropole
Mnissikléous
Adrianou
Diogénous
Venizélou
Apóllonos
Thoukididi
Xenofóndos
Filelínon
Kiristou
Lissíou
Nikodímou
Navarhou
Ipéridou
Musée juif de Grèce
Agios Nikodimos
Sourí
Amalías
Ág. Anárgiri Kolokinthí
Erotókritou
Tripódon
Pritaníou
Kékropos
Kódrou
Metamorfosis tou Sotíros (tou Kotáki)
Kidathinéon
ANAFIÓTIKA
Gérondas
Strátonos
Platía Filomoússou Eterías
Dedálou
Farmáki
Monument de Lysicrate
PARTHÉNON
Théspidos
Agía Ekateríni
Thalоú
Pitakou
Epimenídi
Lissikrátous
Porte d'Hadrien
V. Ólgas
Théâtre de Dionysos
Vákhou
Vírónos
Friníou
Eshílou
Thrassílou
Dionissíou Areopagitou
Olympiéion
MAKRIGIÁNI
MUSÉE DE L'ACROPOLE
Makrigiáni
Makrí
A. Sigroú

SE RESTAURER
Kostas 2
Spilia tis Akropoleos 4
Kafé Avissinia 6
Kuzina 7
Nolan 9
O Glikis 10
Platanos 14
Scholarhio 16
To Kafenio 19
Wild in the City 20
Yiasemi 21

PRENDRE UN VERRE
Brettos 1
Dioskouri 2
Kiki de Grèce 6
Klepsidra Café 7
Anglais 11
Heteroclito 13

SHOPPING
Alexis Papaxatzis 1
Arethas 2
Forget Me Not 5
Ilias Lalaounis 7
Kessaris 8
Mastihashop 9
Melissinos 10
The Bouzouki Shop Polydorou 15
18F 16
Ancient Greek Sandals 17

SORTIR
Blue Bird 1
K8 Point 6
Perivoli tou Ouranou 10
Six Dogs 11
Théâtre Dora Stratou 13
Odéon d'Hérode Atticus 14
Ciné Thission 15

SE LOGER
Adrian 1
Athens Was 3
Hermes 6
Nefeli 7
Plaka 8

décor sculpté initial, presque rien n'est visible sur place, mais le **musée de l'Acropole** en expose certaines parties ainsi que des moulages. La **frise** courait sur près de 160 m le long du mur extérieur et comprenait 115 plaques sculptées figurant la procession des Panathénées. On pénétrait à l'intérieur par une porte de 10 m de haut percée dans le portique est. Elle ouvrait sur le *pronaos*, vestibule précédant la partie centrale du temple *(naos)*, où trônait la gigantesque statue d'Athéna Parthenos. Le Parthénon abritait le trésor de la ligue de Délos.

Érechthéion ★★★
(Erékhtheion - Ερέχθειο)

La procession des Panathénées aboutissait à l'Érechthéion, chef-d'œuvre de l'art ionique (406 av. J.-C.). Le temple abritait plusieurs cultes : Athéna, Poséidon et les rois légendaires Érechthée et Cécrops. À la martiale colonnade du Parthénon, le célèbre portique des *korê* ou **tribune des Caryatides** répond par la grâce et la légèreté de ses six statues de jeunes filles *(il s'agit de copies, cinq des statues originales sont conservées au musée de l'Acropole, la sixième est au British Museum de Londres)*. À droite, les six colonnes ioniques du **portique est** donnent accès au sanctuaire, qui recelait la plus ancienne statue d'Athéna du site. Dans la cour adjacente, un olivier rappelle le lieu où l'on venait vénérer l'arbre sacré d'Athéna. Vers la pointe orientale ont été découverts les restes d'un sanctuaire consacré à Zeus Polieus. À ses côtés, les Romains édifièrent plus tard un **temple circulaire** dédié à Rome et à Auguste. La pointe nord-est forme un promontoire offrant une **vue**★★ superbe sur les toits de Plaka. Chaque jour, les militaires viennent ici hisser *(9h)* et abaisser *(18h)* le drapeau grec. Suivez le rebord sud du rocher avec ses **vues**★ plongeantes sur le théâtre de Dionysos et, plus à gauche, sur le temple de Zeus et le stade. La pointe sud-ouest du *téménos* est marquée par l'élégant **temple d'Athéna Niké**★★★ (410 av. J.-C.).

Odéon d'Hérode Atticus ★

(Odio Irodou Attikou - Ωδείο Ηρώδου του Αττικού)

D6 *Fermé à la visite, mais ouvert lors de manifestations culturelles, notamment pour le Festival d'Athènes (juin-sept.).*
Le théâtre fut construit pendant la période romaine (sans doute vers 174 av. J.-C.) sous l'égide d'Hérode Atticus, un riche homme politique athénien, en mémoire de sa femme. Il pouvait accueillir 5 000 spectateurs.

Théâtre de Dionysos ★★

(Theatro Dionissou - Θέατρο Διονύσου)

D6-7 *Accès en descendant de l'Acropole ou par la rue Dionissiou Areopagitou - M ligne 2, station Akropoli - ✆ 210 32 24 625 - 8h-20h (15h nov.-mars) - inclus dans le billet pour l'Acropole.*
Il est considéré comme le berceau du théâtre grec antique et de la tragédie. Au début du 5e s. av. J.-C., un théâtre doté de gradins en bois fut établi sur ce site déjà dédié à Dionysos Éleuthéros, dieu des arts dramatiques. L'édifice en pierre remonte au 4e s. av. J.-C. et doit sa forme actuelle aux Romains. La forme parfaite de la *cavea* (élément où se trouvent les gradins) lui assure une acoustique idéale. Près de 17 000 spectateurs pouvaient y prendre place. Réalisée sous Néron (1er s. apr. J.-C.), la **frise** ornant le *proskenion* évoque le mythe de Dionysos. Le chœur se tenait au centre du losange dessiné par les dalles de marbre. À gauche de l'hémicycle gisent les ruines de l'**odéon de Périclès**, destiné aux répétitions et aux concours musicaux. À mi-chemin entre l'odéon d'Hérode Atticus et le théâtre de Dyonisos se trouvent les ruines de deux sanctuaires dédiés à **Asklépios**, le dieu de la médecine. Plus tard fut érigée une basilique dédiée aux saints Cosme et Damien, deux médecins chrétiens d'origine arabe.

Musée de l'Acropole ★★★

(Mouseio tis Akropolis - Μουσείο Ακρόπολης)

D7 *15 r. Dionyssiou Areopagitou - ✆ 210 90 00 900 - www.theacropolismuseum.gr (billetterie en ligne) - ♿ (entrée r. Mitseon) - avr.-oct.: lun. 8h-16h, mar.-dim. 8h-20h (vend. 22h); nov.-mars: lun.-jeu. 9h-17h, vend. 9h-22h, w.-end 9h-20h - avr.-oct.: 10 €, nov.-mars: 5 € (-18 ans gratuit) - panneaux explicatifs en anglais.*
L'édifice érigé en 2009, en ciment, verre et acier, est une réalisation architecturale de premier plan. Ses baies vitrées reflètent habilement l'Acropole, visible presque tout au long de la visite. Le bâtiment exploite aussi la lumière naturelle pour mettre en valeur ses quelque 4 000 pièces.
Le sol vitré du rez-de-chaussée permet de découvrir des **vestiges de l'ancienne Athènes**, attestant d'une occupation dès la fin du néolithique *(env. 3000 av. J.-C.)*.
La **Galerie archaïque** *(1er étage)* présente des décors du Parthénon primitif, dont deux lionnes tirant le dieu Taurus, une statue représentant Triton et le Monstre à trois corps, ainsi que des statuettes votives dont celles d'un lion et d'un ours. Le sens de la visite, chronologique,

Jon Arnold Images/hemis.fr

Musée de l'Acropole.

n'est pas forcément intuitif, ni clairement indiqué dans la muséographie actuelle : après avoir admiré les **kore** de la période archaïque et suivi les guerres médiques, montez aux 2e et 3e niveaux qui s'intéressent à l'âge d'or de Périclès et de l'Acropole. La **salle du Parthénon** *(3e étage)* est conçue de manière à restituer les dimensions et l'orientation du temple dont elle présente la fameuse frise. Cette magistrale composition de 160 m de long était constituée de 115 blocs. Elle comprenait 378 figures et plus de 200 animaux, principalement des chevaux. Seul un tiers des vestiges retrouvés est exposé ici, les deux tiers restants, emportés par l'ambassadeur britannique Lord Elgin au début du 19e s., étant détenus par le British Museum de Londres. Quelques autres belles pièces, comme *La Procession des Panathénées*, sont exposées au Louvre, à Paris.
En fin de visite, il vous faudra repasser par le 1er étage pour admirer l'autre chef-d'œuvre du siècle de Périclès : les **Caryatides** de l'Érechthéion. La dernière galerie de ce niveau est dédiée à la **période hellénistique**.
Le **centre multimédia** *(2e étage)* diffuse des documentaires sur le Parthénon. Une grande terrasse ouverte sur l'Acropole abrite un agréable café-restaurant ombragé.

Colline de Filopappou ★★

(Lofos Filopappou - Λόφος Φιλοπάππου)

C7 Une voie pavée, partant du pied de la colline des Muses, s'enfonce entre les arbres. Le site compte parmi les plus agréables de la ville.
Une fois passé la **chapelle Agios Dimitrios Lombardiaris**, un sentier suit le tracé de l'enceinte d'Athènes au 5e s. av. J.-C. puis passe devant d'anciennes habitations troglodytiques qui, selon la légende, auraient abrité la prison de Socrate. Couronné par le **monument de Filopappou** *(114-116 apr. J.-C.)*, le sommet réserve une **vue**★★★ splendide sur l'Acropole. La stèle précédait la chambre funéraire de Philopappus, consul romain et bienfaiteur d'Athènes.

Ancienne Agora ★

(Archaia Agora - Αρχαία Αγορά)

CD5-6 *Entrée par la r. Apostolou-Pavlou à l'ouest de l'Acropole, par l'ancien* *chemin des Panathénées qui descend de l'Acropole ou par la r. Adrianou de Plaka. ✆ 210 32 10 185 - 8h-20h (17h nov.-mars) - 10 € (5 € en hiver ; -18 ans gratuit) ou billet combiné Parc archéologique - brochure en français en vente.*

Cœur de l'Athènes antique, elle accueillait les marchés et les fêtes religieuses. On venait y discuter des affaires publiques ou écouter les orateurs.

L'agora fut aménagée au début du 6e s. av. J.-C. Délimitée par divers bâtiments publics, temples et portiques, elle s'étend sur 2,5 ha, traversés en diagonale par la **voie des Panathénées**. En son centre, les Romains édifièrent des temples, ainsi qu'un odéon monumental.

L'**Héphaïstéion**★★, juché sur une butte de 65 m de haut, offre un remarquable **point de vue** sur l'Acropole. Le majestueux édifice dorique (449-444 av. J.-C.) est l'un des mieux conservés du monde grec, avec son **décor sculpté** et son **plafond à caissons**.

Au pied de la butte se dressait la **tholos**, qui accueillait le Conseil des *prytanes*, ainsi que les étalons des poids et mesures. Le Conseil des Cinq-Cents se réunissait dans le **bouleutérion**, tandis que le **Mitrôon** conservait les archives de la cité-État. Au centre de l'esplanade, des statues indiquent l'emplacement du portique des Géants, qui précédait l'**odéon d'Agrippa**. Ne manquez pas l'immense **stoa d'Attale** (125-122 av. J.-C.), superbe galerie à étage. Le **musée de l'Ancienne Agora**★ conserve une foule de témoignages de la démocratie athénienne. Parmi les objets exposés se trouvent des jetons de vote, des outils destinés à choisir les jurys de tribunaux, ou encore des poids et mesures. À ces objets s'ajoutent tous ceux découverts dans des tombes ou des habitations, ainsi que plusieurs sculptures qui ornaient l'Agora.

PLAKA ★★

(Πλάκα)

Ⓜ *Syntagma ou Monastiraki (à 8mn à pied env.).*

Au pied de l'Acropole, le petit quartier de Plaka, particulièrement attachant, est constitué d'un lacis de ruelles pittoresques ponctuées de vestiges antiques, d'églises et de places endormies la journée et animées le soir.

Agios Nikodimos ★

(Άγιος Νικόδημος)

E6 *À l'angle des r. Filelinon et Souri. Jupes courtes et shorts interdits.*

Datée du 11e s., elle constitue le plus grand édifice byzantin d'Athènes. Ses fresques intérieures sont l'œuvre du peintre allemand Thiersch.

Agia Ekaterini ★

(Αγία Αικατερίνη)

E6 *À l'angle des r. Adrianou et Lissikratous.*

Édifiée aux 11e et 12e s., c'est l'une des plus belles églises de la ville. Son parvis est situé 2 m au-dessous du niveau de la chaussée et comporte des vestiges romains.

Monument de Lysicrate ★

(Μνημείο του Λυσικράτη)

E6 *À l'angle des r. Vyronos, Sellei et Lisikratous.*

Daté de 334 av. J.-C., voici le seul survivant des monuments chorégiques. Ceux-ci, dans l'Athènes antique, rendaient hommage aux lauréats de prix reçus lors des chorégies (représentations théâtrales mêlées de liturgie).
Au-dessus des colonnes court une frise où l'on voit Dionysos changer des pirates en dauphins. Le thème aurait valu à Lysicrate de remporter le prix lors des chorégies organisées en 335 av. J.-C.

Hauts d'Anafiotika ★★

(Αναφιώτικα)

DE6 *Dans la r. Stratonos, un escalier monte vers Anafiotika et l'Acropole.*
Bordée de maisons aux murs ocres, la petite **rue pavée Epimenidi★** vous fait pénétrer dans une Plaka intacte et silencieuse. Bien qu'en 1834 une loi interdit toute construction aux abords de l'Acropole, le hameau fut édifié par des habitants de l'île d'**Anafi** réfugiés à Athènes au début de la guerre d'Indépendance. Ainsi se dévoile, au cœur de la capitale, un inattendu village cycladique aux petites maisons basses chaulées de blanc.
Ses ruelles en escalier permettront aux plus courageux de rejoindre l'Acropole.

Place Filomoussou-Eterias

(Πλατεία Φιλομούσου Εταιρείας)

E6 *Angle r. Kidathineon et Gerondas.*
Cette place piétonnière et festive est le haut lieu de la « gastronomie touristique ». Le soir, on peut se réfugier sur la terrasse du magnifique Ciné Paris, l'un des plus beaux cinémas en plein air de la capitale.

Musée de la culture grecque moderne

(Μουσείο Νεότερου Ελληνικού Πολιτισμού)

D5 *22 r. Panos - ✆ 210 32 14 972/44 340 - www.mnep.gr - tlj sf mar. 8h30-15h30 - 3 € (réduit 2 €).*
En attendant l'ouverture *(prévue fin 2023)* du nouveau complexe muséal – réparti sur huit bâtiments historiques – dédié au folklore et à l'art populaire grec, le petit établissement de la rue Panos expose des outils du monde grec préindustriel : pressoirs, outils en fer, en bois, et différentes machines agricoles.

Quartier des Aérides ★

(Αερήδες)

Musée Canellopoulos ★

D6 *12 r. Theorias - Ⓜ Monastiraki - ✆ 210 32 12 313 - www.camu.gr - tlj sf mar. 9h-16h - 3 € (réduit 2 €).*
Partiellement fermé suite à des dégâts d'ordre sismique *(1er étage et sous-sol du bâtiment ancien)*, il rassemble des pièces d'art et d'archéologie provenant de la Grèce continentale et des îles, d'Asie Mineure et du Moyen-Orient, en particulier une collection de **céramiques antiques★** d'excellente qualité *(fermeture temporaire prévue fin 2023 pour travaux)*. L'importante section consacrée à l'art byzantin se distingue par la richesse de son ensemble d'**icônes byzantines★** (15e-18e s.) et de bijoux.

Tour des Vents ★

D6 Un curieux ouvrage octogonal, dont chaque pan comporte un *aéride*, personnage ailé figurant l'un des huit vents dominants d'Athènes. La tour

Anafiotika, dans le quartier de Plaka.

était surmontée d'une girouette et d'une horloge hydraulique alimentée par la source Clepsydre, qui a donné son nom à ce système d'horloge.

Fethiye Djami

D5 *Juste derrière la tour des Vents - fermée aux visites jusqu'à l'été 2023.*
Édifiée en 1458 à l'emplacement d'une basilique byzantine, la mosquée célèbre la prise de Constantinople par Mehmet II le Conquérant. Elle constitua le centre économique et religieux de la cité durant toute la période ottomane.

Agora romaine

D5-6 *☎ 210 32 45 220 - www.etickets.tap.gr (billetterie en ligne) - 8h-20h (17h nov.-mars) - 6 € (3 € en hiver ; -18 ans gratuit) ou billet combiné Parc archéologique.*

Ce large quadrilatère, où se concentrait l'activité commerciale de la cité, fut transformé en marché au grain par les Ottomans. L'agora s'étendait jusqu'à la colossale porte d'Athéna Archégétis.

Bibliothèque d'Hadrien

D5 *3 r. Areos, angle r. Adrianou - Ⓜ Monastiraki - ☎ 210 32 49 350 - 8h-20h (17h nov.-mars) - 6 € (-18 ans gratuit) ou billet combiné Parc archéologique.*
Le vaste complexe fut bâti en l'an 131 sous l'égide de l'empereur Hadrien pour servir à la fois de bibliothèque, de forum, de dépôt d'archives et de temple. La rue Dexippou offre un bon point de vue sur l'édifice, dont la façade était précédée de 14 colonnes corinthiennes en marbre. Des portions de ses murs se dressent encore rue Eolou. Le flanc ouest a conservé un bel ensemble de colonnes.

Musée national d'art contemporain (EMST) ★

(Εθνικό Μουσείο Σύγχρονης Τέχνης)

D8 *À l'angle de l'av. Kallirrois et la r. Amvr. Frantzi - Ⓜ Syngrou-Fix - ☎ 211 10 19 000 - www.emst.gr - tlj sf lun. 11h-19h - 4 €.*
L'ambitieux « EMST » a ouvert ses portes en 2017 à l'occasion du festival Documenta. Ses expositions temporaires sont annoncées sur son site Internet. Depuis 2020, il présente par roulement près de 200 œuvres d'artistes grecs et étrangers issuées de son fonds propre. Mais cet espace culturel vaut aussi le détour en raison de son architecture : le bâtiment, classé, occupe les locaux de l'ancienne brasserie Fix, construite en 1961 dans le style moderniste.

MONASTIRAKI ET PSIRI

(Μοναστηράκι και Ψυρρή)

Ⓜ Monastiraki, ou à pied à partir de l'Acropole ou de Plaka.
Avec leurs rues étroites et sinueuses bordées par des étals en plein air de vendeurs ambulants, ces deux quartiers rappellent l'ordonnancement des époques byzantine et ottomane de la cité, lorsque Monastiraki était encore un bazar turc.
Psiri la bohème en est aujourd'hui son prolongement naturel.

Marché aux puces ★

D5 Rendez-vous devant l'église byzantine de la **Panagia Pandanassa** (10e s.). Surnommée « le petit monastère », c'est elle qui donna son nom à la place et au quartier de Monastiraki. À l'époque ottomane,

l'immense bazar s'étendait de la **mosquée Tzistarakis** jusqu'à l'Agora romaine. Le marché aux puces perpétue la tradition entre les rues Ermou et Adrianou. Les jours d'affluence, il faut s'armer de courage pour pénétrer ce dédale de ruelles jusqu'à la **place Avissinias★**, très animée le dimanche matin, où se trouvent les véritables brocanteurs. Les rues alentour résonnent de toutes les langues d'Europe centrale et orientale. Vous pouvez également revenir place Monastiraki et vous enfoncer dans l'étroite **rue Pandrossou★**, dont les boutiques forment un véritable souk.
La **rue Adrianou★** regorge elle aussi d'échoppes. Au n° 96 s'élève la **plus ancienne maison d'Athènes** *(✆ 211 32 48 861- mar. et jeu. 10h-13h, dim. 11h-16h - contribution appréciée).* De style ottoman et rénovée au 18e s., elle a appartenu à la famille Benizelos. Rigoula Benizelos (1528-1589), entrée dans les ordres, est devenue sainte Philothée, patronne d'Athènes.

Quartier de Psiri

(Ψυρρή)

CD4-5 En poursuivant à l'ouest, vers le cimetière de Keramikos, on atteint le quartier pittoresque de Psiri, progressivement rénové depuis 2021. L'endroit se prête surtout à la flânerie nocturne, que l'on peut compléter par un bon dîner à la terrasse d'un *mezedopolio*. Nombre d'échoppes et d'ateliers ont été réhabilités en boîtes de nuit *underground*, transformant petit à petit Psiri en un lieu alternatif, à la mode. Cafés, bars et restaurants y pullulent. Le dimanche, un parfum d'Extrême-Orient envahit l'atmosphère avec le **marché aux épices**.

Nécropole de Keramikos ★

(Κεραμεικό Νεκροταφείο)

C5 *148 r. Ermou - Ⓜ Thissio - ✆ 210 34 63 552 - 8h-20h (17h nov.-mars) - 8 € (4 € en hiver ; -18 ans gratuit) ou billet combiné Parc archéologique.*
Le quartier de Keramikos abrite la plus ancienne et la plus grande nécropole de l'Attique (16 ha). Situé hors de la cité antique, le site accueillit des sépultures dès l'époque proto-géométrique (11e s. av. J.-C.). Son nom vient vraisemblablement de l'argile *(kéramos)* utilisée dans la fabrication des objets déposés près du défunt. À gauche de l'entrée, un **musée** réunit une partie des objets découverts sur place. En face, un chemin descend vers l'**allée des Tombeaux★**, bordée des concessions de riches familles athéniennes.
À droite, l'allée aboutit à la **Porte sacrée** (5e s. av. J.-C.), où partait la Voie sacrée et par où passait la procession des Mystères d'Éleusis. La route de l'Académie conduisait au **Dipylon★**, point de départ de la procession des Panathénées et porte d'entrée principale d'Athènes.

GAZI

(Γκάζι)

Ⓜ *Keramikos, ou à pied au départ de Monastiraki, Thissio ou Psiri.*
Le quartier de Gazi vit la première phase d'industrialisation de la capitale, entre la fin du 19e et le début du

20e s. Il doit son nom à l'installation de l'éclairage public au gaz (1877). Réhabilité pour les Jeux olympiques de 2004, l'ancien site industriel s'est imposé comme le quartier branché dont Athènes avait besoin. L'ambiance est différente selon le moment de la journée. Allez-y plutôt le matin pour une promenade décalée, en journée pour les musées, et le soir pour les terrasses animées.

Technopolis ★

(Τεχνόπολις)

B5 *100 r. Pireos - M Kerameikos - ✆ 213 01 09 300 - athens-technopolis.gr - tlj sf lun. 10h-18h (jeu. et dim. 21h) - 1 €.*
L'ancien complexe gazier, repérable à ses gigantesques cheminées surplombant la ville, a fonctionné entre 1862 et 1983. Depuis 1999, ses 30 000 m² laissés à l'abandon ont progressivement fait place à un grand centre culturel atypique où se déroulent concerts et expositions.

ATHÈNES MODERNE

M Omonia, ou 15mn à pied de Monastiraki.
Le quartier populaire du marché est le cœur de l'Athènes moderne. Peu touristique, il réserve pourtant de belles surprises.

Marché central ★

(Kentriki Agora - Κεντρική/Βαρβάκειος αγορά)

D4 *42 r. Athinas. - M Omonia - tlj sf dim. 7h-18h.*
La vaste halle métallique couverte datant de 1886 abrite le plus grand marché d'Athènes, appelé aussi Varvakios. Les allées centrales et les deux contre-allées regroupent les bouchers et poissonniers, tandis que primeurs et vendeurs d'épices se trouvent en face, sur la **place Varvakios**. Très animé dès l'aube, le marché est aussi le rendez-vous des fêtards qui terminent ici la nuit autour d'une soupe de tripes *(patsas)* servie dans le petit restaurant situé au fond de la halle, à droite. À l'arrière passe la **rue Eolou★**. Bordée de magasins de vêtements bon marché, celle-ci longe la **place Kotzia** en allant vers Omonia.

Église Agii Theodori ★

(Ναός Αγίων Θεοδώρων)

E4 *Pl. Klafthmono, le long de la r. Stadiou - M Panepistimiou.*
Située entre le marché central et le **musée de la Ville d'Athènes**, elle a été reconstruite au 11e s. sur les fondations d'un sanctuaire du 9e s.

Musée de la ville d'Athènes

(Μουσείο της Πόλεως των Αθηνών)

E4 *5-7 r. Paparigopoulou - M Panepistimiou - ✆ 210 32 31 387 - athenscitymuseum.gr - tlj sf mar. 9h-16h, w.-end 10h-15h - 5 €.*
Également appelé musée Vouros-Eftaxia, il occupe le palais Vouros (1834) où séjournèrent, entre 1836 et 1842, les souverains grecs. Tableaux, dessins et gravures datés du 17e au 20e s., ainsi qu'une grande **maquette d'Athènes** de 1842, évoquent l'histoire de la capitale.
À voir aussi, les salons meublés d'Othon et d'Amalia.

Musée archéologique national ★★★

(Ethniko Archaiologiko Mouseio - Εθνικό Αρχαιολογικό Μουσείο)

E2 *44 r. Patission - M Victoria ou Omonia - 213 21 44 800 - www.namuseum.gr - ♿ - avr.-oct. : 8h-20h (mar. 13h-20h) ; reste de l'année : 8h30-15h30 (mar. 13h- 20h) - 12 € (6 € nov.-mars) ; billet combiné (valable 3 j.) avec Musée épigraphique, Musée numismatique, Musée byzantin et chrétien : 15 € - panneaux explicatifs en grec et en anglais.*

Dédié à l'art antique, du néolithique à l'époque romaine, il figure parmi les plus riches musées archéologiques du monde. Parmi ses trésors, citons tout d'abord le **masque d'Agamemnon**★★ *(salle 4)*. Lorsque l'archéologue allemand Heinrich Schliemann le découvre en 1876 à Mycènes, il imagine qu'il s'agit du masque funéraire du légendaire chef qui mena les Achéens pendant la guerre de Troie. Depuis, les scientifiques ont permis de définir que ce précieux objet en or date de 1550-1500 av. J.-C., soit plusieurs siècles avant la date supposée de la guerre de Troie. Grosse erreur donc, mais l'objet n'en a pas moins aucun équivalent dans l'Antiquité grecque. Le **Poséidon d'Artémision**★★★ *(salle 15)* en impose par sa majesté. Daté de 460 av. J.-C., il fait partie des très rares bronzes grecs de grande taille conservés dans leur intégralité. Découvert dans une épave ayant

C. Chaudeau/Michelin

Le Jockey d'Artémision au Musée archéologique national.

sombré au 1er s. av. J.-C., le Poséidon d'Artémision est emblématique du style « sévère », apparu au 5e s. av. J.-C. : les artistes rompent alors avec une certaine lourdeur propre à la période archaïque.
Le **Jockey d'Artémision★★★** *(salle 21)*. provient de la même épave que le Poséidon d'Artémision, mais il est de trois siècles postérieur. Grâce à des pigments noirs retrouvés sur la « peau » du jockey, on imagine que l'enfant représenté serait un jeune esclave originaire d'Afrique.
La **machine d'Anticythère★★★** *(salle 38)*, avec ses dizaines de roues dentées, solidaires et disposées sur plusieurs plans, a été découverte dans une épave au large de l'île d'Anticythère en 1901. Considéré comme le premier calculateur analogique, cet objet permettant de connaître la position des astres a souvent été attribué à **Archimède** (287-212 av. J.-C.).
Au second niveau, la partie centrale est consacrée au site d'Akrotiri, à Santorin. Appartenant à la civilisation cycladique, la ville a disparu lors de l'éruption volcanique du 17e s. av. J.-C. Ne manquez pas la salle d'exposition des **fresques d'Akrotiri★★★** : les antilopes, le printemps et **les boxeurs**.

AUTOUR DE LA PLACE SYNTAGMA★

M *Syntagma ou Akropoli.*
Autour de la « place de la Constitution » se concentrent les principaux lieux de pouvoir. L'endroit attire les foules lors d'événements politiques importants. La place sert de point de ralliement aux grandes manifestations populaires.

Place Syntagma★
(Πλατεία Συντάγματος)

E5 M *Syntagma et bus X95.*
Créée en 1834 par le roi Othon Ier, la place alignait terrasses de café et luxueux hôtels particuliers. Quelques ambassades et le prestigieux **hôtel Grande Bretagne** témoignent de sa splendeur passée.
Au pied de l'ancien palais royal (1836-1842), devenu le **Parlement** (la *Vouli*) en 1935, la garde d'honneur des **evzones** veille sur le Monument du soldat inconnu. L'étonnant uniforme de ces soldats d'élite est hérité des combattants de la guerre d'Indépendance (1821-1829). À chaque heure, la relève donne lieu à un pittoresque cérémonial au pas cadencé. Le même rituel se déroule devant le **Palais présidentiel**, rue Irodou-Attikou. Mais le *must* est de venir assister à la **Grande Relève★** le dimanche à 11h devant le Parlement : un véritable défilé avec musique militaire réunissant toute la garde en tenue d'apparat. À droite, l'**hôtel Grande-Bretagne** (1843), sans doute le plus prestigieux de la capitale, a accueilli l'École française d'Athènes entre 1856 et 1873. Colonnades, marbres, dorure : il conserve son opulence Belle Époque.
Derrière le Parlement s'étend le **Jardin national★** *(8h-20h)*, parc de 15 ha créé entre 1838 et 1840, qui compte 500 espèces de palmiers, arbres et arbustes provenant du monde entier. Dans la partie sud apparaît l'élégante façade du **Zappéion**, vaste palais néoclassique (1874-1888), accueillant des réceptions officielles et des soirées événementielles.

C. Chaudeau/Michelin

Relève de la garde devant le Parlement.

Fondation Basil & Élise Goulandris ★★

('Ίδρυμα Βασίλη και Ελίζας Γουλανδρή)

G7 *13 r. Eratosthenous - ✆ 210 72 52 895 - goulandris.gr - merc.-dim. 10h-18h (vend. 20h) - 10 € (-12 ans gratuit).*
Ce musée ouvert ses portes fin 2019 réunit les trésors d'art moderne et contemporain du couple Goulandris, de riches mécènes et collectionneurs. Le 1er étage présente les maîtres européens (1870-1945), des néo-impressionnistes aux avant-gardes : Van Gogh, Gauguin, Monet, Cézanne, Rodin, Picasso, Kandinsky, etc. Le 2e étage s'intéresse à l'art d'après-guerre européen, notamment la sculpture, avec des pièces de César, Giacometti, Niki de Saint Phalle ou encore Germaine Richier. Les deux étages suivants sont consacrés à l'art contemporain grec.

Stade panathénaïque ★★

(Panathinaïkó Stádio - Παναθηναϊκό Στάδιο)

F7 *Av. Vas. Konstantinou devant statue du Discobole - ✆ 210 75 22 984 - www.panathenaicstadium.gr - 8h-19h (17h nov.-fév.) - 10 € (-6 ans gratuit).*
Édifié pour les premiers Jeux olympiques modernes d'avril 1896, le Stade panathénaïque (« pour tous ») pouvait contenir 70 000 personnes à l'origine. Il est la réplique fidèle de l'édifice en marbre dont Hérode Atticus dota la cité en l'an 144 pour les prestigieuses compétitions athlétiques des Panathénées.

Porte d'Hadrien ★

(Πύλη του Αδριανού)

E7 *Av. Amalias, à 5mn du Jardin national et 10mn du Stade panathénaïque - Ⓜ Akropoli.*
L'empereur Hadrien (117-138) contribua à l'embellissement d'Athènes par la construction de nombreux édifices. Les habitants l'honorèrent en lui érigeant, en 131, un **arc de triomphe** mêlant styles romain et grec. Les inscriptions gravées proclament, côté Acropole, « Cette ville est Athènes, l'antique cité de Thésée », tandis que, du côté opposé, on peut lire « Cette ville est la cité d'Hadrien, et non celle de Thésée ».

Olympiéion ★★

(Naos Olympiou Dios - Ολυμπιειον)

E7 *Av. Vassilissis-Olgas, juste à côté de la porte d'Hadrien - 8h-20h (17h*

nov.-mars) - 8 € (4 € en hiver; -18 ans gratuit) ou billet combiné Parc archéologique.
Les quatorze **colonnes corinthiennes** en marbre de 2,6 m de diamètre dressées à 17 m de haut au centre d'une esplanade dénudée sont tout ce qu'il reste de l'un des plus grands temples du monde grec. Entamés entre 560 et 510 av. J.-C., les travaux furent interrompus au 5e s. av. J.-C., avant d'être achevés en 132 par l'empereur Hadrien. Celui-ci, élevé au rang de dieu sous le nom de Zeus olympien, en devint la divinité tutélaire. L'édifice formait un rectangle de 108 m sur 41 m. Il fut détruit lors de tremblements de terre et ses marbres reconvertis en matériaux de construction.

F. Guiziou/hemis.fr

Idole en marbre au musée d'Art cycladique.

KOLONAKI★

Ⓜ *Syntagma ou Evangelismos, puis 15mn à pied.*
Quartier privilégié de la bourgeoisie athénienne, Kolonaki étale au pied du mont Lycabette son quadrillage régulier de voies ombragées, dont les rues Skoufa et Patriarchou-Ioakim forment l'épine dorsale. Il abrite aussi trois riches musées.

Place Kolonaki ★

(Πλατεία Φιλικής Εταιρείας)

F5 *À 10mn à pied de la pl. Syntagma par l'av. Vasilissis-Sofias.*
Une minuscule colonne antique, située dans le parc de la **place Filikis-Eterias**, a donné son surnom à cette place et à ce quartier élégant, accroché aux pentes du **mont Lycabette★★** *(voir p. 32)*. Au long des rues se succèdent les boutiques les plus raffinées d'Athènes. Endroit chic par excellence, Kolonaki prend aussi des allures de Quartier latin avec ses cafés huppés comme Da Capo, rendez-vous prisé par les politiques et les journalistes, qui aiment y venir pour voir et être vus. Pour les visiteurs étrangers, la place Kolonaki constitue un excellent point de départ pour partir à la découverte de ce quartier riche en musées et en bonnes adresses shopping.

Musée Benaki de la civilisation grecque ★★

(Mouseio Benaki - Μουσείο Μπενάκη)

F5 *1 r. Koumbari (angle av. Vassilissis-Sofifias) - ☎ 210 36 71 000 - www.benaki.org - tjl sf mar. 10h-18h (0h jeu., 16h dim.) - 12 € (expos temporaires 8 €, gratuit jeu. apr. 18h et pour les -22 ans).*

Né dans une famille aisée de la diaspora grecque d'Alexandrie, en Égypte, Adonis Benaki (1873-1954) créa ce musée en 1930 pour y présenter ses collections. Le musée occupe la demeure familiale, une résidence néoclassique du début du 20e s. Présentées chronologiquement en partant de la préhistoire, toutes les formes d'expression de l'identité grecque sont abordées.
Dans les salles 1 à 8 (de la préhistoire au 6e s. av. J.-C.) ne manquez pas la série d'**objets en or**★ (3200-2800 av. J.-C.) et de bijoux hellénistiques, ainsi que d'émouvants portraits funéraires réalisés en Égypte durant la période romaine.
Les salles 9 à 12 (époques byzantine et post-byzantine) abritent entre autres de très belles **icônes**★★, notamment deux œuvres de jeunesse du peintre Domenikos Theotokopoulos, **El Greco**.
Au 1er étage, les salles 13 à 28 (périodes ottomane et vénitienne) conservent notamment des tissus précieux et des **costumes**★★. Vous y verrez aussi des **intérieurs de maisons**★★ de différentes régions de Grèce.
Les deux derniers étages *(salles 29 à 36)* évoquent davantage la vie quotidienne, la guerre d'Indépendance et quelques aspects de l'histoire de la Grèce moderne.

Musée d'Art cycladique ★★

(Mouseio Kykladikis Technis - Μουσείο Κυκλαδικής Τέχνης)

F5 *4 r. Neofitou Doukas - ✆ 210 72 28 321/323 - tlj sf mar. 10h-17h, jeu. 10h-20h, dim. 11h-17h - 8 € (-18 ans gratuit); 3,50 € pour tous le lun.*
Un musée à ne manquer sous aucun prétexte. Il est consacré à la civilisation égéenne, notamment à la préhistoire des Cyclades. Les objets exposés – plus d'un millier – couvrent une période allant du début du 3e millénaire au 4e s. av. J.-C. Depuis 1991, il s'est étendu au **palais Stathatos**, dévolu aux expositions temporaires. Le 1er étage du bâtiment principal rassemble les **idoles cycladiques**★★★, figurines de marbre blanc dont on ne se lasse pas d'admirer l'esthétique épurée, très moderne. Le 2e étage propose des objets d'art ou utilitaires datant du début du 2e millénaire au 4e s. av. J.-C., dont les pièces maîtresses sont les bronzes, les **céramiques**★ à figures rouges et les **grandes amphores**★.
Le 3e étage est dédié à l'art chypriote représenté par des poteries remarquables et le travail du verre.
Le 4e étage présente la **collection Politis**, un ensemble varié, constitué de céramiques, de lampes byzantines, de statuettes, de casques ou d'épées. Admirez l'élégance des **statuettes de femmes**.

Musée byzantin et chrétien ★★

(Vyzantino ké Christianiko Mouseio - Βυζαντινό και Χριστιανικό Μουσείο)

G5 *22 av. Vassilissis Sofias -* Ⓜ *Evangelismos - ✆ 213 21 39 517 - www.byzantinemuseum.gr - tlj sf mar. 8h30-17h (hiver 15h30) - avr.-oct. : 8 €; nov.-mars : 4 € (-18 ans gratuit); billet combiné (valable 3 j.) Musée national archéologique, Musée épigraphique Musée numismatique : 15 €.*
Regroupant une richissime collection référencée du 1er s. à nos jours, il

s'articule entre trois grandes périodes chronologiques réparties dans deux ailes latérales d'un palais néo-Renaissance (1848). Dans la première section (« De l'Antiquité à Byzance »), remarquez la statuette d'**Orphée★★** jouant de la lyre (4e s.), ainsi que l'architrave du Parthénon, transformé en église au 5e s. La deuxième partie s'intéresse au « monde byzantin », avec, entre autres icônes en mosaïque à double face des 13e-15e s., celle de la **Mère de Dieu Episkepis★★★** (« Protectrice »), et les **fresques de l'église d'Episkopi d'Eurytanie★★** (9e-17e s.). La dernière section présente des icônes de l'**école crétoise★★** (15e-17e s).

Pinacothèque nationale

(Εθνική Πινακοθήκη)

H5 *1 r. Michalakopoulou et 50 r. Vassilis-Sofias - ✆ 214 40 86 213 - www.nationalgallery.gr - tlj sf mar. 10h-18h (merc. 21h) - 10 € (-18 ans gratuit).*

La Pinacothèque nationale a investi en 2021 un tout nouveau bâtiment de verre *(ouverture complète fin 2023)*. Le fonds, constitué de plus de 16 000 pièces, déroule l'histoire de la peinture grecque du 16e s. à nos jours, en se concentrant sur l'époque moderne.

Mont Lycabette ★★

(Lykavittos - Λυκαβηττός)

FGH 3-4 *Accès par funiculaire à l'angle des rues Aristipou et Ploutharou - dép. ttes les 10mn, 8h45-3h, 5,50 €. Les plus courageux monteront à pied.*

La plus haute des huit collines d'Athènes (278 m) offre un **panorama★★** sur la ville, l'Acropole, et les alentours jusqu'au Pirée, voire jusqu'aux îles d'Égine et de Salamine. Sur la « face nord » se trouve le **théâtre du Lycabette**, où sont donnés des spectacles en plein air, lors du Festival d'Athènes notamment.

Le phare de l'espoir

Inauguré en 2017 à l'est du Pirée, le **SNFCC★** (**Stavros Niarchos Foundation Cultural Center**) domine le stade de l'Olympiakos, au Pirée. Le projet lancé à l'initiative de la fondation de l'armateur **Stavros Niarchos** entend symboliser l'espoir d'un pays tendu vers l'avenir malgré la crise. Il a été réalisé par l'architecte Renzo Piano, qui a conçu là un bâtiment d'une grande légèreté et simplicité, en béton, bois et verre, agrémenté d'un vaste parc. Occupant le sommet d'une butte, tel un phare entre la ville et la mer, l'édifice est coiffé d'un « toit-canopée » et surplombe un bassin aux « fontaines dansantes ». Ce centre culturel abrite la Bibliothèque nationale et l'Opéra national et accueille de nombreuses manifestations culturelles et artistiques. La **vue★★★** à 360°, qui se dégage du café situé sous la canopée, embrasse les îles du golfe Saronique, le Péloponnèse et Athènes.

364 av. Syggrou - Kallithéa - ✆ 216 80 91 000 - www.snfcc.org - centre de visiteurs tlj 9h-22h; café et parc lun.-jeu. 6h-0h, vend.-dim. 6h-2h - gratuit - navette gratuite au dép. de Syntagma (angle r. Ermou).

Îles Saroniques★

(Nissia tou Argosaronikou - Νησιά του Αργοσαρωνικού)

À la fois proches d'Athènes et dépaysantes, les îles Saroniques méritent une escapade, ne serait-ce que pour fuir l'agitation de la capitale. Si Égine est célèbre pour ses pistaches et son temple antique très bien conservé, Hydra attire quant à elle un tourisme haut-de-gamme et les Athéniens aisés.

▶**Accès :** les ferries et les hydroglisseurs partent du quai E8 au Pirée, du quai E9 pour Hydra. Liaisons maritimes aussi au départ de la péninsule de l'Argolide, à partir de Kosta, Ermioni ou Portocheli *(p. 54)*.

Carte détachable du Péloponnèse E2-3.

▶**Conseil :** Égine surtout, très proche d'Athènes, se visite facilement dans la journée. Les îles plus lointaines d'Hydra et Spetses sont reliées régulièrement au Péloponnèse *(p. 54)* ; bus pour Nauplie et location de voiture à Ermioni et Portocheli.

ÉGINE ★

(Aígina - Αίγινας)

E2 *Du Pirée, 1h10 de traversée en ferry, 40mn en hydroglisseur.*

Ville d'Égine

(Χώρα Αίγινας)

Le long du bord de mer, de belles **maisons néoclassiques★** rappellent la puissance éphémère de la première capitale de la Grèce. Admirez les monuments de la Ire République et la **tour de Marcellus**, qui abrita les états-majors du nouveau gouvernement.

Temple d'Aphaïa ★★

(Άφαια)

À 17 km à l'est d'Égine (par côte nord). Plusieurs bus/j (gare routière, face au port - ligne 2 dir. Agia Marina - 2 €). 229 70 32 398 - mai-oct. : 10h-17h30 ; nov.-mars : se rens. - 6 € musée inclus.

Ce temple (début du 5e s. av. J.-C.), de 32 m sur 16,50 m et parmi les mieux conservés du monde hellénique, occupe un site d'anthologie. Il comportait six colonnes en façade et douze sur chaque côté. Le **musée** présente des reconstitutions du second temple. Admirez notamment la **façade polychrome★**. Du site, **vue exceptionnelle★★** sur l'île et le golfe.

Plages

Parmi les plages, essayez la populaire **Agia Marina**, ou **Perdika** où se trouvent aussi d'excellentes tavernes.

HYDRA ★★

(Ydra - Ύδρα)

E3 *Du Pirée, env. 1h50 de traversée.*

L'île fut longtemps plus réputée pour ses illustres visiteurs (Leonard Cohen, Brigitte Bardot, Audrey Hepburn...) que pour ses plages, plus rares. En effet, le charme d'Hydra se cache ailleurs, en particulier dans les paysages de collines où s'étagent maisons de pêcheurs et hautes demeures d'armateurs du 18e s. Ici pas de véhicules à moteur. On se déplace au rythme des ânes et des mulets.

Ville d'Hydra ★★

(Πόλη της Ύδρας)

Pour le panorama sur la ville et son anse, allez au bout du quai des ferrys, où trône la **statue de l'amiral Andreas Miaoulis**. Repérez les hautes silhouettes des **archontika** (maisons de maître), quelques moulins et, au centre, la tour d'horloge.

Musée des Archives★

(Ιστορικό Αρχείο Μουσείο Ύδρας)

Quai Navarchou-Kountouriotou - ✆ 229 70 52 355 - www.iamy.gr - 9h-16h (et 19h30-21h30 juin-sept.) - 5 €.
Il retrace le riche passé maritime de l'île. Au rez-de-chaussée, une salle est consacrée aux phares. Le 1er étage est dédié à la mémoire de ses marins, amiraux et armateurs.

Monastère de l'Assomption

(Μονή Κοιμήσεως Θεοτόκου)

R. Andreas-Miaoulis - ✆ 229 70 54 071 - avr.-oct. tlj sf lun. 10h-17h - 2 €.
Construit en 1643, il fut rénové en 1774. Dans la basilique, admirez l'**iconostase★** de marbre et l'**icône dorée★** du martyr Constantin l'Hydriote. Petit **musée byzantin**.

Quartier de Kiafa★★★ (Κιάφα)

À flanc de colline, au-dessus de l'hôpital par la r. Andreas-Miaoulis.
La plus ancienne partie de la ville cache un enchevêtrement de ruelles et de passages couverts, où se réfugiaient les habitants lors des attaques de pirates. Admirez ses façades néoclassiques.

HonestTraveller/Getty Images Plus

Ruelle d'Hydra.

Tour de l'île

Au nord-est de l'île, le village de **Mandraki** possède la seule vraie plage de sable, mais le Mandraki Beach Resort l'a accaparée avec des transats onéreux *(20/30 € le set)*.
Un chemin grimpe jusqu'au **monastère Agia Matrona**. Bien au-delà, le **monastère de Zourvas★** (16e s.) offre une jolie **vue★**.
Des hauteurs de Kiafa, au centre de l'île, la **vue★** sur la rade est très belle. Plus loin, on rejoint le **monastère Profitis Ilias** (1813). De là, vous pouvez vous rendre au **couvent Agia Evpraxia** (1808), où les religieuses travaillent la soie, et monter au sommet du **mont Éros** pour son **panorama★★**.

Corinthe★★

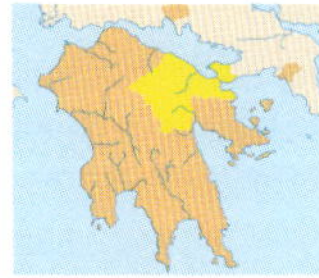

(Kórinthos - Κόρινθος)

Cernée par les eaux du golfe de Corinthe, au nord, et celles du golfe Saronique, au sud, la Corinthie forme la « porte d'entrée » de la presqu'île du Péloponnèse, séparée du reste du continent par un canal filant entre des parois vertigineuses. Passé la ville moderne de Corinthe, la route traverse un paysage bien moins urbanisé. Bientôt surgit l'impressionnante forteresse de l'Acrocorinthe, qui domine les ruines d'une des cités grecques les plus puissantes de l'Antiquité, célèbre à l'époque romaine comme « capitale du vice et de la luxure ».

▶**Accès :** le *proastiakos* (train de banlieue) relie Athènes à Corinthe *(www.hellenictrain.gr - ttes les h, de 5h30 à 22h30 - trajet env. 1h)*.

Carte détachable du Péloponnèse D2.

▶**Conseil :** La ville moderne de Corinthe n'a aucun charme. Logez plutôt à Loutraki, de l'autre côté de l'isthme, station balnéaire disposant d'une grande plage et d'un agréable front de mer.

CANAL DE CORINTHE ★★

(Dióryga Korínthou - Διώρυγα Κορίνθου)

D2 Ouvert en 1893, le canal dessine une étroite tranchée rectiligne de 6,3 km de longueur aux parois lisses et verticales s'élevant sur 80 m de hauteur. Le canal, d'une profondeur de 8 m, se révèle si étroit que les navires – des paquebots de croisière et des caboteurs –, tirés par un remorqueur, frôlent ses parois. Pour profiter du meilleur **point de vue★★**, installez-vous sur l'un des

Un projet vieux de 2 500 ans

Dans l'Antiquité, les trirèmes qui transportaient leurs marchandises de la mer Égée vers l'Italie étaient obligées de parcourir 400 km en mer pour contourner le Péloponnèse. Ce voyage était très long et périlleux en raison des innombrables caps rocheux des côtes de la péninsule. Au 7e ou au 6e s. av. J.-C., la construction d'un chemin pavé traversant l'isthme permit de transporter les embarcations sur des chariots, le long des 6,3 km qui séparent les deux golfes. Mais l'idée de creuser un canal revint aux Romains, en 67 de notre ère. La mort de **Néron** – initiateur du projet –, l'année suivante, et les limites techniques de l'époque entraînèrent l'abandon du chantier. Il ne devait reprendre que dix-sept siècles plus tard, le 1er mai 1882, pour une durée de onze ans. L'ouvrage demeure fragile, de fréquents éboulements provoquant, comme en 2018, l'arrêt du trafic maritime.

deux petits ponts submersibles qui l'enjambent : le **pont d'Isthmia** *(au sud-est, sur la route Athènes-Péloponnèse)* ou le **pont de Posidonia** *(au nord-ouest, en bordure du golfe de Corinthe)*, plus à l'écart de la foule. À l'approche d'un bateau, le tablier en bois du pont plonge dans l'eau pour le laisser passer. Sur la rive nord, au-delà de **Loutraki**, station balnéaire réputée pour ses eaux thermales et son casino, s'étend le **lac de Vouliagmeni★**, relié à la mer par un chenal.

Un peu plus loin, on découvre l'**Héraion de Perachora★★** *(accès libre)*, sanctuaire antique inscrit dans un cadre ravissant cerné de pins. Le temple dédié à Héra se dissimule dans un **site★** retiré et sauvage. Parmi les vestiges les plus évocateurs figurent une citerne et la *stoa* d'époque hellénistique, ainsi que l'autel situé devant la crique où l'on peut se baigner. Un sentier rejoint le phare d'où s'offre un **panorama★★** splendide sur le golfe de Corinthe, avec les massifs du Péloponnèse et du Parnasse se faisant face.

ANCIENNE CORINTHE ★★

(Archéa Korinthos - Αρχαία Κόρινθος)

D2 Simple quartier touristique de l'actuelle Corinthe, **Archéa Korinthos** abrite les ruines du cœur de la ville antique, qui elle-même s'étendait sur 900 km^2. La cité s'inscrivait à l'intérieur d'une muraille partant de l'Acrocorinthe pour se déployer en un large cercle. Elle se poursuivait en une sorte de couloir de plusieurs kilomètres reliant ses deux ports : Léchaion, sur le golfe de Corinthe, et Cenchrées, sur le golfe Saronique.

Jana_Janina/Getty Images Plus

Crique près de l'Héraion de Perachora.

Des périodes byzantine, franque, vénitienne et ottomane, le village conserve peu de choses, si ce n'est un **mausolée soufi** (18e s.).

Site archéologique ★★

À 400 m à l'est de la pl. centrale - ☏ 274 10 31 207 - www.corinth-museum.gr - mai-août : 8h-20h ; reste de l'année : se rens. - 8 € (-18 ans gratuit).

Le site abrite sur 3 ha d'importants vestiges datant essentiellement de la période romaine.

Avant la billetterie, sous le parking, deux édifices, qui ne se visitent pas, sont visibles : l'éventail ruiné d'un **théâtre** (5e s. av. J.-C.), réaménagé par les Romains pour accueillir des spectacles navals, et les vestiges plus évocateurs d'un **odéon** (1er s.).

Fontaine de Glaucé

À gauche après la billetterie, face à l'entrée du musée.
Taillé dans un rocher d'environ 15 m de côté et 7 m de hauteur, ce réservoir de quatre citernes était alimenté en eau par un aqueduc provenant d'Acrocorinthe. Datant de la période hellénistique et restaurée par les Romains, la fontaine porte le nom de la fille de Créon – mythique roi de Corinthe –, épouse du héros Jason.

Musée archéologique

Le bâtiment (1932) présente les découvertes faites sur le vaste territoire de l'ancienne Corinthe. Il est conçu comme une villa antique, autour d'un **atrium** où sont regroupées des statues grecques et romaines. À droite de l'entrée, une salle est consacrée au **sanctuaire d'Asclépios** *(500 m au sud du temple d'Apollon - ne se visite pas)*. Le dieu de la Médecine fut honoré à Corinthe pendant huit siècles, avec des offrandes en terre cuite représentant des parties du corps.
À gauche s'ouvre une longue salle dominée par un couple de **kouroï** (6e av. J.-C.) provenant du site de Klenia *(16 km au sud)*. Une présentation moderne par thèmes, mélangeant divers objets (**tuiles et antéfixes**, vases, bas-reliefs et fragments lapidaires) évite toute monotonie. Notez un sphinx en marbre (6e s. av. J.-C.). La salle suivante s'intéresse à l'art romain (mosaïques des 2e-3e s. et statues de la famille d'Auguste issues de la basilique Julienne). Parallèlement, une petite salle renferme les trouvailles faites dans divers sites néolithiques de Corinthie.

gbarm/Getty Images Plus

Temple d'Apollon, dans l'Ancienne Corinthe.

Temple d'Apollon ★

Construit vers 550 av. J.-C. et préservé lors de la destruction de la ville par les Romains (146 av. J.-C.), Voici l'un des plus anciens temples que l'on puisse voir en Grèce ! Sa silhouette ocre dominait autrefois toute la cité. Ses sept colonnes doriques de 7 m de hauteur, monolithiques (en tuf), sont les seules rescapées des 38 que comptait le bâtiment. Un sentier fait le tour du temple et offre une belle **vue★** sur l'ensemble du site, sur l'Acrocorinthe *(au sud-ouest)* et sur le golfe de Corinthe *(au nord)*. Il permet notamment d'apercevoir, en contrebas, côté mer, les boutiques du **marché nord**, dont subsistent les murs latéraux et le mur du fond.

Forum romain

En contrebas du temple d'Apollon.
Érigée à l'emplacement de l'agora grecque et de l'ancien hippodrome, cette grande esplanade constitua le cœur de la cité jusqu'au Moyen Âge. Elle est délimitée au nord par le **portique nord-ouest**, un alignement de boutiques dont l'une a conservé sa voûte, et par la **source sacrée**.
De l'autre côté s'élève le **portique sud**. Achevé en 150 de notre ère, ce fut l'un des plus grands bâtiments à colonnade de la Grèce antique. Il concentrait les fonctions administratives et politiques. Côté est, l'esplanade était fermée par la **basilique Julienne**, qui abritait le tribunal civil et des boutiques.
Dans la partie centrale s'alignaient des **échoppes** et le bêma « de saint Paul ».

Bêma de saint Paul

Au centre du forum romain, côté sud.
L'oratoire accueillait des cérémonies au cours desquelles le proconsul romain recevait les doléances des citoyens. En 51, l'apôtre Paul y fut conduit par des rabbins qui l'accusaient de trahir la loi juive. Le proconsul écouta sa défense et le laissa en liberté.
De l'oratoire du 1er s. av. J.-C. subsiste un socle d'un peu plus de 15 m de long. Les Byzantins transformèrent le bâtiment en **basilique chrétienne**.

Voie de Léchaion

Entre le forum romain et les escaliers en bois (sortie vers la pl. centrale du village).
La portion de cet axe menant au port de Léchaion demeure très évocatrice avec son pavement et les nombreux vestiges des boutiques et des monuments qui la jalonnaient. L'entrée est marquée par la base des **propylées**, triple arche du 1er s.

Corinthe « l'opulente »

Corinthe s'affirme très vite comme la ville la plus riche et la plus commerçante de la Grèce antique grâce aux nombreuses sources de la région, à la renommée de ses **poteries** et de ses **bronzes**, mais surtout en raison de sa situation exceptionnelle dominant tout le nord du Péloponnèse.
Elle connaît son apogée entre 630 et 590 av. J.-C., époque à laquelle est érigé le majestueux **temple d'Apollon**. Elle prend en 209 av. J.-C. la tête de la **Ligue achéenne** qui tente de contrer l'expansion de Rome, mais les légions romaines détruisent la ville en 146 av. J.-C. Cent ans après, elle renaît grâce à l'installation d'une colonie de vétérans par **Jules César**. Elle reste durant trois siècles la **capitale de la Grèce romaine**.
Au 1er s. de notre ère, elle fait partie des toutes premières cités d'Europe à se convertir au christianisme. L'**apôtre Paul** y séjourne et y rédige ses épîtres aux Corinthiens et l'épître aux Romains. À partir du 4e s. ap. J.-C., la ville connaît un long déclin et disparaît progressivement.

surmontée à l'époque romaine des chars en bronze du dieu du Soleil Hélios et de son fils Phaéton. Ils sont flanqués à gauche par la **façade des Captifs**, ornée à l'origine de quatre grandes statues de prisonniers de guerre phrygiens (3e s.), dont deux se trouvent au musée. À droite s'élève la **fontaine Pirène★**, qui doit son nom à une source mythique de l'Acrocorinthe. L'ensemble, édifié au 6e s. av. J.-C. et remanié au 2e s., se compose d'une cour dallée, creusée au centre d'un bassin rectangulaire où jaillit l'eau. Trois nymphées l'encadrent, tandis qu'à l'arrière six arcades précèdent une succession de bassins et de réservoirs.

La sortie secondaire se trouve à l'extrémité de la voie de Léchaion. De là, vous pouvez revenir au parking en prenant à gauche la rue envahie de taxis et de boutiques touristiques, à moins que vous ne préfériez revenir sur vos pas et retraverser le site.

ACROCORINTHE ★★

(Akrokorinthos - Ακροκόρινθος)

À 3,5 km au sud-ouest du site archéologique par une route sinueuse mais correcte - la colline est facile à repérer et bien indiquée - parking au pied de la forteresse - ☏ 274 10 31 266 - 8h-16h - gratuit.

À pied : comptez 1h30 de marche rude (en montée et souvent en plein soleil) ; optez plutôt pour un taxi, qui vous y dépose et revient vous chercher.

Vue de loin, l'Acrocorinthe n'est rien de plus qu'une colline abrupte et rocailleuse (576 m d'altitude). Mais ne vous privez pas du plaisir d'errer à travers les majestueuses ruines de ce qui fut, à l'époque antique, le bastion de Corinthe et, au Moyen Âge, la plus grande citadelle de Grèce.

Mesurez l'étendue de cette place forte gigantesque, dont les nombreux vestiges d'époques successives se confondent avec la roche.

De ses deux sommets, la **vue★★** est exceptionnelle sur le golfe de Corinthe, le golfe Saronique et le nord du Péloponnèse.

Si la Corinthe romaine, commerçante, déclina dès le 6e s. apr. J.-C., cette forteresse lui survécut pendant plus de mille ans. Idéalement située sur une éminence d'où l'on pouvait surveiller et prévenir les attaques ennemies, elle bénéficiait en outre de plusieurs sources qui lui fournissaient assez d'eau pour supporter un siège. Autant d'atouts qui en faisaient un enjeu stratégique de première importance. De fait, malgré ses puissants remparts, elle passa de main en main. Les Francs réussirent à la prendre. Au final, elle revint aux Ottomans, à partir du 15e s., avec un intermède vénitien de 1687 à 1715.

Remparts ★

Du parking, une rampe dallée monte vers la place forte, d'où l'on embrasse d'un seul coup d'œil une partie des 2,5 km de murs fortifiés qui ceignaient la ville haute.

Ce spectaculaire panorama révèle ses trois lignes de défense et les trois **portes monumentales★**, fort bien conservées, percées à trois époques différentes sur les vestiges des remparts antiques. La première porte, du 14e s., est due aux Francs,

Lefteris_/Getty Images Plus

Les vestiges de la citadelle sur l'Acrocorinthe.

tandis que la deuxième fut érigée par les Byzantins (9e-12e s.), avant d'être remaniée par les Vénitiens et les Ottomans. La troisième (9e-12e s.) conserve son architecture typiquement byzantine.

Ville haute

Après la troisième porte, on débouche sur un vaste espace pentu de 24 ha où gisent, au milieu des herbes folles, les ruines hétéroclites de plusieurs bâtiments avec, devant vous, une **mosquée** bien conservée.
Plus haut se cache une gigantesque **citerne** au toit formant terre-plein, flanquée d'un minaret tronqué.

Sur la gauche, un sentier mène à la **chapelle Agios Dimitrios**, édifice vénitien (17e-18e s.) restauré qui conserve quelques fresques.
De là, avec du souffle et de bonnes chaussures, le sentier de droite vous mène aux deux sommets.
Au sud-ouest se dresse une **tour carrée franque**.
À l'est, le point culminant d'Acrocorinthe abrite les vestiges insignifiants d'une église byzantine élevée sur les fondations du **temple d'Aphrodite**. En redescendant d'ici par le sud, on parvient à la **fontaine Pirène supérieure**.

Mycènes★★★

(Mykínes - Μυκήνες)

Nichée au fond d'une austère vallée de l'Argolide, dévalant du sommet d'une colline aride et pierreuse écrasée de soleil, Mycènes s'inscrit dans un cadre parfait de tragédie... Centre de la civilisation mycénienne, qui domina la Méditerranée orientale du 15ᵉ au 12ᵉ s. av. J.-C., elle fut le théâtre du massacre des Atrides, l'un des plus sanglants épisodes de la mythologie. Homère en fit le royaume d'Agamemnon, chef des Achéens lors de la guerre de Troie. Conservant de puissantes murailles aux murs cyclopéens et les vastes tombeaux circulaires de ses souverains, le site est classé au Patrimoine mondial de l'Unesco depuis 1999, conjointement avec celui de Tirynthe.

▶**Accès :** les bus en provenance d'Athènes et de Corinthe *(ttes les 1h30)* s'arrêtent à Fichti, à 3 km du site *(www.ktelargolida.gr)*.

Carte détachable du Péloponnèse D2.

▶**Conseil :** Venez tôt pour éviter les groupes et l'implacable réverbération du soleil.

Acropole ★★★

À 1,5 km au nord-est du village de Mykines - ✆ 275 10 76 585 - mai-août : 8h-20h ; reste de l'année : se rens. - billet incluant les tombeaux royaux, le Musée archéologique et le trésor d'Atrée : 12 € (-18 ans gratuit) ; billet combiné (voir encadré ci-dessous) : 20 € - comptez 1h30 de visite.

Face à la colline que coiffe la cité, imaginez la Mycènes du 16ᵉ au 12ᵉ s. av. J.-C., l'une des plus anciennes citadelles de l'histoire, qui compta jusqu'à 30 000 habitants. Établie à 280 m d'altitude, elle était protégée par une impressionnante **enceinte cyclopéenne★★**, assemblage d'énormes blocs de pierre, jointoyés avec une admirable précision et dont l'épaisseur atteint par endroits jusqu'à 8 m. Un chemin en pente flanqué de deux bastions conduit à la puissante **porte des Lionnes★★★**, percée dans la muraille au 13ᵉ s. av. J.-C. Quatre pierres massives la composent, dont un triangle de décharge monolithique, au-dessus du linteau, traité comme un

Billet combiné

Permettant de faire de substantielles économies, il donne accès aux sites de Mycènes et de Tirynthe, au Musée archéologique et à la citadelle de Palamède de Nauplie, ainsi qu'au Musée byzantin d'Argos. Il permet en outre de visiter le site archéologique méconnu d'Asini, cité par Homère, d'où s'offre une belle **vue★** sur la plage de Tolo. Tarif : 20 €.

Porte des Lionnes, à Mycènes.

fronton sculpté : deux lionnes étêtées, dressées sur leurs pattes arrière, y encadrent une colonne. Vous êtes là devant l'unique élément décoratif de cet ensemble austère, inhabituel pour une civilisation qui faisait peu de cas de la sculpture monumentale.
La porte franchie, on pénètre dans la citadelle (acropole) par le chemin menant au palais royal. Un peu plus loin, sur la droite, on surplombe le **cercle royal★★**, la première nécropole mycénienne que découvrit l'archéologue allemand Heinrich Schliemann en 1876. Délimité par des orthostates – plaques de pierres dressées – ce large périmètre circulaire (26,50 m de diamètre) abritait six tombes *(interdites à la visite)* dans lesquelles furent inhumées, en position fœtale, 19 personnalités royales, rois et membres de leur famille. Autour de leurs dépouilles s'amoncelaient bijoux, épées serties d'or et autres offrandes somptueuses, qui devaient les accompagner dans l'au-delà, tandis qu'un masque mortuaire en or, moulé à même la peau, épousait chaque visage.
Plus haut sur l'acropole, le **palais royal★** dessine une large terrasse maçonnée d'où l'on domine la plaine de l'Argolide. À l'origine, on y accédait, à droite, par un escalier d'honneur dont subsistent 18 marches. Au fond s'ouvrait le **mégaron**, la salle du trône. Un foyer circulaire en occupait le centre, entouré de quatre colonnes supportant la toiture, dont on distingue encore les bases. Aménagé en terrasses, le palais comportait aussi plusieurs étages, mais aujourd'hui seules restent visibles les fondations du premier niveau. C'est dans ces appartements que, selon la tradition, la reine Clytemnestre et son amant Égisthe assassinèrent Agamemnon à son retour de Troie. En suivant le fléchage, on atteint le quartier des artisans qui occupe l'aile est du palais, protégé par une muraille cyclopéenne dont subsiste un important fragment. De là s'offre une **vue★** sur la vallée.
On longe ensuite le flanc nord de l'acropole jusqu'à une autre porte fortifiée faite d'énormes pierres. Étroite et dépourvue de décoration, elle est moins impressionnante que la porte des Lionnes, mais la franchir constituait un redoutable défi à d'éventuels assaillants.

Mycènes, la cité « riche en or »

La mythologie attribue la fondation de Mycènes à Persée, fils de Zeus et de Danaé, et la construction du mur d'enceinte de son acropole aux Cyclopes.
L'Histoire, plus prosaïque, situe vers l'an 2000 av. J.-C. l'arrivée de ses premiers habitants, les **Achéens**. Pendant des siècles, ceux-ci régnèrent sur une grande partie de la Grèce continentale. Au 13e s. av. J.-C., Mycènes s'affichait ainsi comme la principale cité du monde achéen, très influencée par la **civilisation minoenne** (Crète). Sa prospérité fut telle qu'Homère qualifiait la cité de « polychrysos » (riche en or). Personne ne sait exactement ce qui causa la ruine des palais mycéniens, vers 1200 av. J.-C., et précipita la fin de la civilisation mycénienne...

L'architecture funéraire mycénienne

Plusieurs types de sépultures ont été mis au jour à Mycènes. Celles qui furent découvertes dans les deux cercles royaux sont des fosses rectangulaires, creusées dans le sol et jadis marquées par des stèles funéraires. Les plus spectaculaires sont les tombes à coupole, dont le trésor d'Atrée offre le plus bel exemple. Dissimulées sous une butte de terre, ce sont de hautes chambres circulaires en forme de ruche, auxquelles on accède par un long couloir à ciel ouvert. Restaient, pour les simples citoyens, les fosses carrées creusées dans le rocher, que l'on se contentait de recouvrir d'une dalle.

Musée archéologique ★

En contrebas du chemin - audioguide gratuit en français - comptez 30mn de visite.

Sur deux niveaux sont présentés, de manière chronologique ou thématique, près de 2000 objets trouvés sur place. La plupart d'entre eux datent du 15e au 12e s. av. J.-C. : poteries, dalles funéraires, armes, statuettes en terre cuite, bijoux, etc. Hormis les **tablettes en écriture linéaire B**, la pièce la plus intéressante est une fresque polychrome fragmentaire, dite des **Trois femmes** (non datée). Dans un bâtiment aux colonnes torsadées, en bas, se tient une divinité mycénienne apportant les récoltes accompagnée d'un griffon (ailes visibles). Au-dessus, une femme tient un bâton auquel sont suspendus deux petits hommes. Elle fait face à une souveraine mycénienne munie d'une épée. La scène pourrait symboliser la transition entre les deux grandes civilisations égéennes, vers 1650 av. J.-C., lorsque les Mycéniens prirent l'ascendant sur les Minoens.

Tombeaux royaux ★

Remontez jusqu'au sentier conduisant à la porte des Lionnes et continuez en face sur le chemin empierré - comptez 30mn de visite.

À l'extérieur de l'enceinte ont été dégagées neuf tombes constituées de *tumuli* de terre cachant chacun une pièce circulaire coiffée d'une coupole (*tholos*). Toutes ne sont pas dans le même état de conservation ; la **tombe du Lion** (14e s. av. J.-C.), à côté du musée, est très ruinée.

Après le tombeau d'Égisthe *(le premier sur votre gauche)*, dont la voûte s'est effondrée, pénétrez dans le **tombeau de Clytemnestre★** (14e s. av. J.-C.). On y accède par un **corridor★** de 35 m de long. Au-dessus du linteau de la **porte**, en marbre sculpté, un triangle de décharge, évidé, soulage la structure du poids de la couverture en le répartissant directement sur les piédroits. L'intérieur, bien restauré, dessine une vaste chambre ronde, aux contours parfaits, dont la **voûte★★** aux lignes pures s'élève à 12,95 m.

En retrouvant la lumière du jour, passez, à gauche, devant un **cercle royal de tombes**. Plus ancien que celui de l'acropole, il contenait 24 tombes et 14 fosses royales, remplies d'offrandes précieuses, ainsi que 10 petites sépultures taillées dans la roche, destinées à des personnalités de moindre rang.

Trésor d'Atrée ★★

À 500 m au sud-ouest de l'acropole, le long de la route menant à Mykines - parking - comptez 10mn de visite.
Précédée d'un **corridor**★ de 36 m de long, la plus grandiose des tombes à coupole découvertes à Mycènes est la seule dotée de deux pièces. Aussi, l'avait-on attribuée à Agamemnon... à tort, puisqu'elle fut construite plus d'un siècle avant la guerre de Troie, au 14e s. av. J.-C. Mais sa taille et la perfection de l'ouvrage laissent penser qu'elle dut accueillir la dépouille mortelle d'un grand roi; peut-être Atrée, le premier roi mythique de Mycènes?

Passé la porte et son impressionnant **linteau monolithique**★ de 9 m de long – pesant quelque 120 tonnes –, on est d'abord saisi par la fraîcheur des lieux, fort bienvenue. Le temps de vous habituer à l'obscurité de la salle ronde (14,50 m de diamètre), admirez le remarquable assemblage de ses **33 rangs de pierres**, savamment disposés en encorbellement, à la courbe parfaite, jusqu'au sommet de la coupole, à 13,20 m au-dessus de votre tête. La sépulture royale, entourée d'armes et de vivres, occupait le centre de la pièce, juste en dessous de la clé de voûte, tandis qu'à droite une seconde pièce, plus petite, abritait un ossuaire.

J. Sierpinski/hemis.fr

Trésor d'Atrée.

Une société féodale

À l'époque où dominait la civilisation mycénienne, l'Argolide était divisée en plusieurs petits royaumes. Chacun était dirigé par un monarque tout-puissant qui concentrait entre ses mains le pouvoir politique, la direction des opérations militaires et les butins de guerre. Les souverains s'entouraient de seigneurs menant grand train dans leurs palais, assujettissant à la « corvée » artisans et agriculteurs. La société mycénienne, très organisée, consignait sur des tablettes d'argile, à l'aide d'un stylet, la liste de ses besoins, en hommes, en armes, en animaux, etc.

Argolide★★

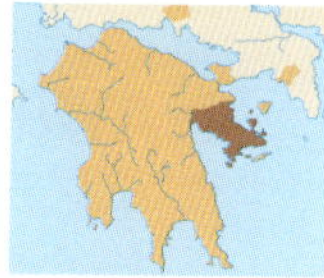

Séparant le golfe Argolique du golfe Saronique, la péninsule d'Argolide constitue une région de collines calcaires, dont les pentes sont souvent couvertes de pinèdes et d'oliveraies, tandis que les bassins littoraux embaument le jasmin et la fleur d'oranger. S'y cachent la très chic Nauplie, plus belle cité du Péloponnèse, et d'importants sites archéologiques, Épidaure en premier lieu.

▶**Accès :** en bus *(www.ktelargolida.gr)*, d'Athènes à Nauplie *(ttes les 1h30 - 2h30 à 3h)*, Tolo *(ttes les 1h30 - 20mn)*, Épidaure *(1/j sf w.-end)*, Argos et Tirynthe *(ttes les h)*.

Plan de Nauplie p. 48-49. Carte détachable du Péloponnèse DE2-3.

▶**Conseil :** visitez les sites archéologiques le matin, la plupart fermant à 15h.

NAUPLIE ★★

(Náfplio - Ναύπλιο)

Plan p. 48-49 ℹ *Mairie, pl. Trion Niavarchon - ✆ 275 20 24 444 - cityofnafplio.net - 10h30-20h.*

Au fil du temps, l'ancienne capitale grecque s'est couverte d'habitations médiévales serrées le long d'étroites venelles, d'élégantes demeures vénitiennes, de villas néoclassiques, de mosquées et d'églises. Animée et en vogue, très fréquentée le week-end par les Athéniens aisés, elle constitue une base idéale pour rayonner dans la région.

Ville basse ★★

AB1-2 Comme à Athènes, la vie s'organise autour de la **place Syntagma★** (place « de la Constitution »). Siège du gouverneur ottoman à partir de 1540, puis de la marine vénitienne au 18ᵉ s., elle devint le lieu de mouvements populaires. Admirez les hautes façades des maisons patriciennes et le style « néo-mycénien » du **bâtiment de la Banque nationale** (1930), les dômes de deux anciennes **mosquées** et les arcades du Musée archéologique. L'**ancienne mosquée Sultan Ahmet**, désormais connue comme le Trianon, est la plus ancienne de la ville (1540), tandis que celle d'**Aga Pacha**, surplombant la place côté ouest, date de 1730 et accueillit la première assemblée nationale en 1825-1826. Parmi les églises parsemées dans la ville, ne manquez pas la **Panagia** *(derrière le Musée archéologique)*, érigée vers 1700, et son intérieur de style néobaroque. Rue Plapouta, au sud-est, s'élève **Agios Georgios**. À l'origine une mosquée, édifiée en 1540, elle changea plusieurs fois de culte, avant de devenir la cathédrale orthodoxe de Nauplie en 1822.

Musée archéologique ★

A1 *Pl. Syntagma - ✆ 275 20 27 502 - tlj sf mar. 8h30-15h30 - 6 € (-25 ans gratuit) - billet combiné (p. 42) : 20 €.*

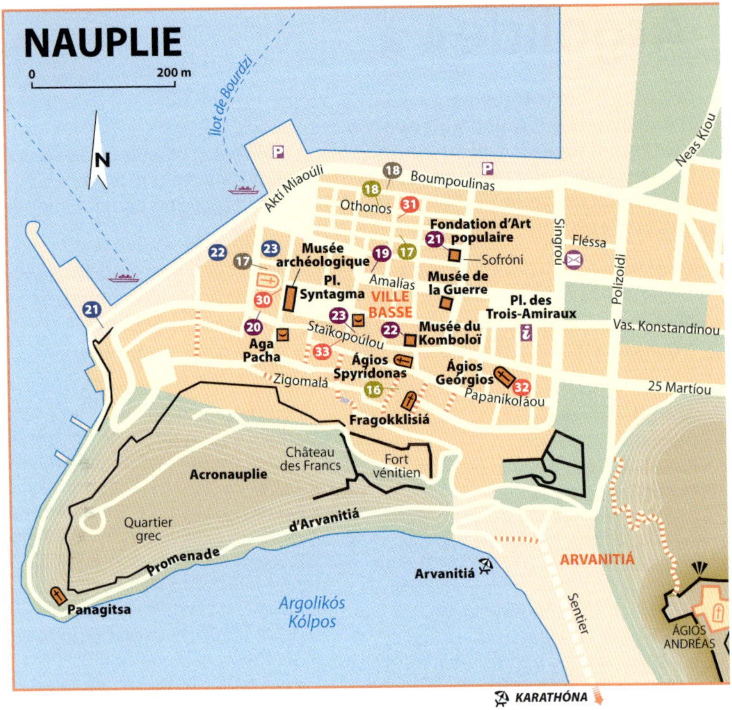

Il est installé dans le plus imposant bâtiment de la ville basse : un massif et austère **arsenal vénitien** (1713). Les salles d'exposition regroupent de précieuses découvertes de toute l'Argolide, du néolithique à l'époque classique, avec comme dominante la **culture mycénienne** (16e-12e s. av. J.-C.). La pièce maîtresse est l'**armure de Dendra**★, une panoplie de guerrier mycénien du 15e s. av. J.-C. Une grande partie de la collection provient de la cité de Tirynthe.

Promenade d'Arvanitia ★

(Gýros tis Arvanitiás - Γύρος της Αρβανιτιάς)

AB2 *Accès par la pl. Arvanitia à l'est et par le port à l'ouest - comptez 30mn.*
Au front de mer, l'Akti Miaouli, lieu de déambulation préféré des Naupliotes, bordé d'une suite ininterrompue de terrasses de cafés et de restaurants, succède la promenade des Arvanites, dont le nom évoque la présence des Albanais dans la ville basse au 15e s. Le chemin côtier, longé par des pins et

SE RESTAURER
To Sokaki 30
Omorfo Tavernaki 31
O Noulis 32
Taverne Vassilis 33

PRENDRE UN VERRE
Iliostasio 21
Kontogiorgos Cafe 22
Antica Gelateria di Roma 23

SHOPPING
Cave Karonis 19
Nectar et Ambrosia 20
Boutique de la Fondation d'Art populaire du Péloponnèse Vasilios Papantoniou 21
Boutique du musée du Komboloï 22
Armiriki 23

SORTIR
Café Rosso 17
Cozy Cocktail Bar 18

SE LOGER
Byron 16
Kyveli suites 17
Amymone / Adianti 18

des figuiers de barbarie, passe par la **chapelle Panagista**. La promenade se termine par la **plage Arvanitia**.

Les trois forteresses de Nauplie ★★

AC2 Bien qu'ayant longtemps servi de port à Argos, Nauplie conserve peu de vestiges de l'Antiquité. Les pierres des murs de l'ancienne acropole furent réutilisées par les Byzantins et les Vénitiens pour fortifier la ville.

Îlot Bourdzi ★ (Μπούρτζι)

Excursion en bateau (20mn dont 10mn sur place) - dép. du quai Akti Miaouli, en face de la pl. des Philhellènes - ttes les 20/40mn - 4,50 € - on ne visite pas (en cours de restauration jusqu'à une date indéterminée).

Situé 600 m au large, l'îlot fut fortifié par les Vénitiens en 1473 pour défendre la rade. Le fortin se compose d'un port, d'une **tour hexagonale** et de deux plateformes d'artillerie fortifiées.

Acronauplie (au centre), la promenade d'Arvanitia (à gauche) et la ville basse.

Acronauplie
(Akronafplia - Ακροναυπλία)

A2 *Au-dessus de la ville basse - à pied ou en voiture par la r. Singrou qui longe la pl. des Trois-Amiraux en dir. de la plage Arvanitia - accès libre - comptez 45mn de visite.*

La plus ancienne forteresse de Nauplie offre des **vues★** plongeantes sur la ville basse et le golfe Argolique. Elle comprend trois enceintes correspondant à trois périodes successives. Le **fort vénitien** constituait la première ligne de défense au sein de la citadelle. L'accès se fait par une rampe longeant le **bastion Grimani★** (1706). Le **château des Francs** fut édifié à partir de 1212. Les seuls véritables vestiges francs restants sont les fondations d'un palais et le **mur médiéval** qui marquait la limite avec le **quartier grec**. Ce dernier est la partie la plus ancienne, fortifiée à partir du 4e s. av. J.-C. et habitée jusqu'au 15e s.

Citadelle de Palamède ★★
(Palamidi - Παλαμήδι)

BC2 *À pied : par l'escalier qui part près de la pl. des Trois-Amiraux (857 marches) - en voiture (3 km) : prenez dir. Tolo et bifurquez à droite vers le sommet de la colline - ✆ 275 20 28 036 - mai-août : 8h-20h ; avr. et sept. : 8h-19h ; oct. : 8h-18h ; reste de l'année : 8h-15h30 - 8 € ; 4 € en nov.-mars - billet combiné (p. 42) : 20 € - comptez 1h de visite.*

Juchée sur son imposant rocher, elle domine toute la ville et porte le nom du fils de Nauplios, fondateur légendaire de Nauplie. Érigée par les Vénitiens au 18e s., elle se compose de plusieurs bastions reliés par un réseau de couloirs dérobés. Le plus intéressant est celui d'Agios Andréas, dit aussi **bastion des Vénitiens**★, orné du lion de saint Marc. Le tour de la citadelle, par le **chemin de ronde**★, ménage des **vues**★ somptueuses.

ENVIRONS DE NAUPLIE

Tirynthe ★★

(Tirintha - Τίρυνθα)

Carte détachable du Péloponnèse D2

À 8 km au sud-est d'Argos, 4 km au nord-ouest de Nauplie - ☏ 275 20 22 657 - avr.-oct. : 8h-20h ; reste de l'année : 8h30-15h30 - 4 € (-18 ans gratuit) ; billet combiné (p. 42) : 20 €.

Impressionnante barre de calcaire blanc hérissée de **murs cyclopéens**★★, Tirynthe (*Tyrins* en grec ancien) fut l'un des grands centres de la civilisation mycénienne (1500-1100 av. J.-C.). Depuis 1999, le site est classé avec celui de **Mycènes** au Patrimoine mondial de l'Unesco. Au 12e s. av. J.-C., les deux villes furent détruites par un « événement » dont on ignore tout. La mémoire de la grandeur passée de Tirynthe a survécu à travers des **fresques polychromes** (*au musée national d'Archéologie, à Athènes*), mais surtout dans la mythologie. La cité aurait en effet été fondée par le roi Proitos avec l'aide des **Cyclopes**.

Remparts ★★

Tirynthe étant exposée aux assauts ennemis, la citadelle fut, à partir du 14e s. av. J.-C., dotée de murs. Les civilisations suivantes crurent qu'il s'agissait là de l'œuvre des Cyclopes. De fait, on ne sait toujours pas comment des hommes ont pu soulever de tels blocs de pierre et les assembler pour former cette muraille de 8 à 10 m d'épaisseur.

La citadelle comprenait la **terrasse inférieure** (*au nord*), où se regroupaient ateliers, magasins et habitations, puis l'**acropole** (*au sud*), réservée au palais. Une **rampe inclinée**, conçue pour faciliter la progression des chars, constituait l'accès principal. Remarquez une niche restaurée, ménagée sur la face ouest. Une **première porte** débouchant sur un sas conduit à une seconde **porte monumentale** qui ouvre sur l'acropole.

Acropole ★

La vaste esplanade rectangulaire ne semble conserver que des bâtiments arasés. Cependant, ne manquez pas les **casemates est**★ (*on ne visite pas*), galeries aménagées dans l'épaisseur du rempart, qui servaient d'abri en temps de guerre et de réserves en temps de paix. La cour extérieure du **palais** mène, à gauche, aux **casemates sud**, tandis qu'à droite s'ouvre la cour intérieure du bâtiment. Les pièces du palais proprement dit, le **mégaron**, encadraient une autre cour, couverte à l'origine. La muraille ouest abrite les vestiges d'une tour où se cache un étroit **escalier**★ de pierre creusé dans l'épaisseur des remparts.

Árgos

(Άργος)

Carte détachable du Péloponnèse D2

À 12 km au sud-ouest de Mycènes.

La ville actuelle étend ses rues

jusque sous la **citadelle de Larissa★**. Peu touchée par le tourisme, Argos distille une ambiance très grecque, les prix sont bien moins élevés qu'à Nauplie, et l'accueil très chaleureux. Selon la mythologie, la cité fut fondée par Argos, fils de Zeus. Les Doriens s'y installèrent au 12e s. av. J.-C. Dès le 6e s. av. J.-C., elle dut sa renommée à son école de sculpture.

Musée byzantin de l'Argolide ★
(Vyzantinó Mouseío Argolídas - Βυζαντινό Μουσείο Αργολίδας)

Caserne Kapodistria - pl. Dimokratias - ✆ 275 10 68 937 - www.byma.gr - tlj sf mar. 8h30-15h30 - 4 €; billet combiné (p. 42) : 20 €.

Installé dans un ancien hôpital militaire vénitien (1690), ce musée se consacre à la période médiévale dans la région, de l'Antiquité tardive à l'ère ottomane. À voir une **mosaïque** représentant l'**Automne★** (4e s.) et des objets du quotidien découverts en 2004 dans la **grotte d'Andritsa**.

Ancienne Argos ★
(Archéo Argos - Αρχαίο Άργος)

Rte de Tipoli - ✆ 275 10 68 819 - 8h30-16h - gratuit.

À l'écart du centre actuel, le cœur de la ville grecque et romaine se situe de part et d'autre de la route de Tripoli. Construit à flanc de colline au 4e s. av. J.-C., le **théâtre★★** est l'un des plus vastes de Grèce : 20 000 spectateurs pouvaient y prendre place. Le vaste complexe des **thermes romains★** (2e s.) a conservé une grande partie de ses murs intacts. Entre les thermes et le théâtre, un chemin conduit à l'**odéon** (1er s., probablement remanié au 3e s.). Au-delà, on aboutit aux ruines du **sanctuaire d'Aphrodite**.

Citadelle de Larissa ★
(Kástro Lárisas - Κάστρο Λάρισας)

À 5 km au nord-ouest du centre-ville par une rte sinueuse mais correcte - à pied : 45mn/1h au dép. de l'ancienne Argos - entrée libre.

Le monumental **kastro**, bâti au 10e s. par les Byzantins, n'a rien perdu de sa superbe malgré les outrages du temps. Vous pouvez faire le tour des deux **enceintes de fortification★** ou profiter de la **vue panoramique★★** sur Argos, la plaine courant jusqu'à Nauplie et le golfe Argolique.

ollirg/Getty Images Plus

Citadelle de Larissa.

Héraion d'Argos
(Iraíon Árgous - Ηραίον Άργους)

À 9 km au nord-est (à Inachos, suivez dir. Neo Ireo, puis « Ancient Iréo ») - ✆ 275 20 27 502 - 8h30-15h30 - gratuit.
Le sanctuaire dédié à Héra, la déesse tutélaire de l'Argolide, vaut surtout pour la beauté du **site★**, une vaste plaine tapissée d'orangers et d'oliviers. Selon Homère, les chefs grecs prêtèrent ici serment d'allégeance à Agamemnon avant leur départ pour Troie.

Toló
(Τολό)

Carte détachable du Péloponnèse D2 À l'extrémité d'une longue plage de sable, cette station balnéaire est très fréquentée, mais elle occupe un beau site abrité par le promontoire d'Asini, les îles de Romvi et Plateia.

Site archéologique d'Épidaure ★★★
(Epídavros - Επίδαυρος)

Carte détachable du Péloponnèse D2
À 4,5 km au sud-est de Lygourio - ✆ 275 30 22 09 - mai-août : 8h-20h ; avr., sept. : 8h-19h ; oct. : 8h-18h ; reste de l'année : 8h-17h - 12 € (-25 ans gratuit) ; nov.-mars : 6 €.
Classé au Patrimoine mondial de l'Unesco depuis 1988, Épidaure fut l'un des plus fameux sanctuaires dédiés au dieu guérisseur Asclépios. À la fois temple, hôpital et lieu de culture, il attira pendant dix siècles pèlerins, malades, médecins, poètes et athlètes venus des quatre coins du monde grec. Épidaure a été l'objet de cultes liés à des divinités guérisseuses dès la préhistoire. Vers le 8e s. av. J.-C., **Apollon Maleatas** est honoré en tant que dieu de la Purification et de la Guérison. Deux siècles plus tard, son fils, le dieu de la Médecine **Asclépios**, devient l'une des divinités les plus populaires du monde grec. Le sanctuaire est peu à peu aménagé avec des temples, des logements, des centres de soins, ainsi que des installations sportives et culturelles. Plus ancien **sanatorium** connu à ce jour, il prend sa forme actuelle vers le 4e s. av. J.-C. Deux tremblements de terre ont eu raison de lui au 6e s.

Théâtre ★★★
Construit au début du 3e s. av. J.-C., il est le plus achevé et le mieux préservé du monde antique.
Sur la **scène★** se tenait le chœur des danseurs et chanteurs. Les comédiens jouaient sur l'estrade du **proskénion**, partiellement reconstitué. L'éblouissant hémicycle de la **cavéa★★** a été très peu modifié depuis sa construction. Le théâtre était capable d'accueillir 6 210 spectateurs au 3e s av. J.-C., et 12 300 au 2e s. av. J.-C. L'**acoustique** est spectaculaire : où que l'on se trouve, on perçoit avec la même acuité le son provenant de la scène. On pense que le phénomène est dû à la qualité du calcaire employé.

Musée archéologique
Modeste, il évoque la vie des médecins et des malades du sanatorium. Dans la salle du fond, les entrées des temples d'Asclépios et d'Artémis ont été reconstituées. À noter, dans la 3e salle : un magnifique **chapiteau**

corinthien inachevé, considéré comme l'archétype du genre.

Sanctuaire d'Asclépios★

Le sanctuaire du dieu de la Médecine constituait la partie la plus importante du site.
Le **Katagogion** était une auberge destinée aux pèlerins. Plus loin, l'**Hestiatorion** servait aux banquets.
Le **stade★** accueillait les épreuves sportives des Asklépieia. Au nord du propylée se succèdent les ruines d'un temple égyptien consacré à Asclépios et Apollon, du temple d'Artémis, de la résidence des prêtres-médecins, de l'autel d'Apollon et du **temple d'Asclépios**. À gauche de ce dernier, la **Tholos** est un temple circulaire du 4e s. av. J.-C.
Le long de la tholos, l'**Abaton★**, portique de 70 m de longueur, accueillait le **rite de l'incubation** : le patient s'allongeait et devait voir Asclépios lui apparaître en rêve ; le prêtre touchait la partie du corps malade et le patient était, en théorie, guéri.

PÉNINSULE DE L'ARGOLIDE ★

Carte détachable du Péloponnèse DE2-3 En venant de Nauplie, le littoral sud est jalonné de petits ports et de charmantes stations balnéaires.
À proximité du village de **Kilada**, de belles plages, notamment celle de **Korakia**, invitent à la baignade.
La bourgade de pêcheurs de **Portocheli**, abrité au fond d'une jolie baie, est le point d'embarquement pour l'île de **Spetses**. En poursuivant le long de la côte, les jolies stations balnéaires de **Kosta** et de **Ermioni★** valent également le détour et permettent d'embarquer pour **Hydra** (*p. 34*).
Plus à l'est, faites une halte dans la **forêt de citronniers★** : le sommet de la colline révèle une jolie **vue** sur Poros et les quelque 30 000 pieds qui couvrent la pente au-dessus de la plage de sable d'**Aliki** (*30mn AR. Garez-vous au niveau de la chapelle Agios Serafim)*.
Puis, en remontant vers le nord, le front de mer de **Galatas** offre une belle **vue★** sur le port de la ville, d'où partent les bacs pour **Poros**.
Le village de **Trézène★** abrite, quant à lui, les restes du **sanctuaire d'Hippolyte** et ceux d'un temple où Asclépios aurait ramené le fils de Thésée à la vie, ainsi que le **ravin du Diable★**.
Au nord, vous pouvez rejoindre la **presqu'île de Methana** et sa station thermale appréciée pour ses eaux chaudes et sulfureuses. Sur la côte ouest de la presqu'île se trouve le village de pêcheurs de **Vathi**.
Enfin, en pénétrant dans les terres, juste après Didyma, sur la droite, ne manquez pas le **cratère de Didyma**, formé il y a des milliers d'années.

Le port de Kilada.

Côte orientale du Péloponnèse★

La route reliant Nauplie à Leonidio offre de superbes vues sur le littoral encore sauvage de l'Arcadie, et, à chaque petite station rencontrée, la tentation est forte de piquer une tête dans ses eaux cristallines. Passé Leonidio, l'itinéraire traverse l'austère massif du Parnonas, avant de déboucher en Laconie, avec son interminable étendue d'oliviers et d'orangers. Puis, enfin apparaît, accroché à un rocher, Monemvassia l'un des plus beaux villages du Péloponnèse.

▶**Accès:** en bus, d'Athènes à Leonidio *(www.ktelarkadias.gr - 3/j - 5h)* ou Monemvassia *via* Tripoli. Liaisons en ferry du Pirée à Monemvassia *(3/sem. - 4h30)*.

Carte détachable du Péloponnèse D2-4.

▶**Conseil:** L'itinéraie de Nauplie à Monemvassia est réalisable dans la journée.

CÔTE ARCADIENNE ★

Mili

(Mýloi – Μύλοι)

D2 *À 14 km à l'ouest de Nauplie.*
Le village côtier occupe le site de **Lerne**; son nom évoque l'un des travaux d'Hercule. Première ville connue d'Argolide, elle a laissé bien peu de vestiges. Le petit site archéologique *(☏ 275 10 47 597 - 8h30-15h30 - 3 €)* abrite la **Maison des tuiles** (2500-2200 av. J.-C.), plus ancienne habitation couverte de plaques de terre cuite.

Parálio Ástros

(Παράλιο Άστρος)

D3 *À 20 km au sud de Mili.*
Village fleuri veillé par une forteresse d'origine franque, il possède la plus longue **plage** de sable du golfe Argolique *(8 km)*, très organisée.

Au-delà, le relief se fait plus escarpé et le paysage, attractif. Coincée dans les contreforts tapissés d'oliviers du massif du Parnonas, la route domine de larges baies et petites criques, jusqu'aux plages de galets de **Tyros**.

Héraclès et l'Ydre de Lerne

Dans le marais de Lerne, Héraclès (Hercule) accomplit le deuxième de ses douze travaux: tuer l'hydre dont les têtes crachaient un poison mortel et se régénéraient quand on les coupait, sauf une, immortelle. Le héros parvint à empêcher les têtes de repousser en cautérisant les plaies infligées au monstre. Quant à la tête immortelle, il l'enterra encore sifflante sous un rocher. Le mythe recouvre la réalité: la difficulté que rencontrèrent les hommes pour drainer le marais.

R. Mattes/hemis.fr

L'église byzantine Agios Sosson à Geraki.

Leonídio ★

(Λεωνίδιο)

D3 *À 86 km au sud de Nauplie (via Mili, Paralio Astros et Tyros).*
Seule vraie ville de la côte, Leonidio centralise la production de la fertile plaine environnante. Bourg agricole animé, il conserve d'imposantes demeures traditionnelles en pierre, comme la **Tsikoliotis Mansion** *(rue principale)* ; certaines abritent des hôtels de charme. Alentour, plage de galets au port de **Plaka** et à **Poúlithra**.

Massif du Párnonas ★

(Óros Párnomas - Πάρνωνας)

D3 Aux cailloux surchauffés de la côte succèdent ici les flancs accidentés de cette montagne culminant à 1940 m d'altitude. La route en lacet surplombe les **gorges du Badron★**. Elle traverse une campagne déserte jusqu'au blanc **couvent de la Panagia Elona** *(accès par une rte à gauche - indication « Monastery Elonis » - 7h45-21h15/22h - entrée libre, tenue correcte).*
La route culmine ensuite à **Kosmas**, village de montagne typique.

Geraki ★

(Gérakas - ΓερΆκι)

D4 *À 46 km au sud-ouest de Leonidio.*
Dominant la plaine de Laconie, ce bourg agricole compte nombre de petites églises byzantines.
Un gardien pourra vous accompagner pour les ouvrir *(demandez sur la place centrale).*

Églises byzantines ★★

Elles se concentrent au bas du village. Au bord de la route de Monemvassia se dresse l'église de cimetière à coupole **Agios Athanassios** (déb. 13e s.), qui abrite de grandes fresques aux couleurs vives. Vers l'ouest, de l'autre côté de la route, un petit chemin conduit à l'église à coupole **Agios Sozon** (12e s.) et, plus bas, à celle d'**Agios Nikolaos** (13e s.). Voyez également l'église **Agios Ioannis Chrysostomos** (12e s.), dont la voûte est ornée de fresques du début du 15e s. En montant un peu vers le bourg l'église de l'**Évangelistria** (12e s.), de plan cruciforme à coupole, compte des fresques bien conservées.

Citadelle ★

(Kástro Gerakíou - Κάστρο Γερακίου)

À 3 km à l'est du village - ✆ 273 10 25 363 - tlj sf lun. 8h30-15h30 - entrée libre.

La forteresse ruinée fut fondée par le baron bourguignon Jean de Nivelet vers 1250, et prise par les Byzantins dès 1262. Le guide ouvre trois des huit églises disséminées sur la colline, ornées de fresques des 13e-15e s. : **Agia Paraskévi** en premier lieu, puis, dans les hauteurs, la **Zoodochos Pigi** et **Agios Georgios**. S'il vous reste des forces, longez le chemin de ronde ; il offre une **vue**★ sur l'immense plaine plantée d'oliviers.

Gatsi/Getty Images Plus

Monemvassia.

Le vin de Malvoisie

Monemvassia dut aussi sa renommée au vin qu'elle produisit pendant des siècles. Le malvoisie (de « Napoli di Malvosia », le nom que la ville reçut des Vénitiens) était un vin blanc liquoreux assez riche en alcool, particulièrement prisé des cours européennes. S'il n'existe plus sur place, le cépage survit aux Canaries, en Croatie et en Toscane avec le célèbre « vino santo ».

MONEMVASSIA ★★

(Monemvasía - Μονεμβασιά)

D4 *Attention, voitures interdites à l'intérieur des remparts : quelques places de stationnement au pied de la citadelle ou parking à Gefyra, av. ou apr. le pont (à 1 km de la ville fortifiée).*

Au flanc d'un rocher surgissant des flots, Monemvassia est une petite cité médiévale intacte, l'une des plus

Le joyau de Byzance

Monemvassia était une presqu'île reliée au Péloponnèse jusqu'au **tremblement de terre** qui détruisit l'isthme en 375. Ce séisme et l'éclatement de l'Empire romain provoquèrent pendant deux siècles l'abandon du Rocher. La ville est officiellement fondée au 6e s. La cité profite du développement des routes maritimes vers Constantinople et devient l'une des plus puissantes forteresses de l'Empire d'Orient. Elle demeure un grand comptoir commercial pendant onze siècles, jusqu'en 1770, quand éclate la **révolution d'Orloff**. L'île ne compte plus que 30 habitants en 1971, quand, enfin, le **pont** la reliant au continent est inauguré.

belles d'Europe, comme oubliée par la modernité. L'île de 1,5 km de long sur 600 m de large est reliée à la ville moderne de Gefyra, sur le continent, par un pont auquel elle doit son nom. Moins de 100 habitants vivent dans **Kastro**, la cité fortifiée du Moyen Âge.

Ville basse ★★

(Káto Póli - Κάτω Πόλη)

En pénétrant dans la **rue centrale** de Kastro – la ville basse –, pavés disjoints, murs de pierre et portes en ogive suffisent à plonger le visiteur dans une envoûtante atmosphère médiévale.
Un peu plus loin, la paisible grand-place accueille l'**église Christos Elkoménos** (13e s.), dotée d'un élégant portail vénitien (17e s.), qui recèle plusieurs icônes.
En face, l'ancienne **mosquée Fethiye** (16e s.) abrite un modeste musée archéologique *(✆ 273 20 61 403 - tlj sf mar. 8h30-15h30 - 2 €)*.
La ruelle à droite de l'église mène à la mer et au quartier de **Portello**. Les **remparts** ménagent des points de vue sur la cité.
En remontant vers la ville haute, faites une pause à l'église de la **Panagia Mirtidiotissa** (18e s.), qui conserve les **linteaux** richement sculptés de l'ancienne iconostase.

Ville haute ★★

(Páno Póli - Πάνω Πόλη)

Un vaste plateau entouré de falaises de 120 m de hauteur domine la mer et livre des **points de vue**★★★ splendides.
La ville haute se dévoile par un **portail**★ percé dans le rempart. On ne découvre d'abord qu'un champ de ruines, d'où émergent notamment les vestiges d'un **hammam** du 17e s.
Puis apparaît l'**église Agia Sofia**★★, impressionnante de calme et de fraîcheur. Admirez la **coupole**★, les fragments de fresques du 13e s. et les chapiteaux de marbre.
Un sentier mène aux ruines d'un **fort byzantin** du 12e s., qui offre une **vue** plongeante sur Gefyra et le golfe.
En redescendant du plateau par le sud-est, un **panorama**★★★, vertigineux, s'ouvre sur le large et sur la ville basse.

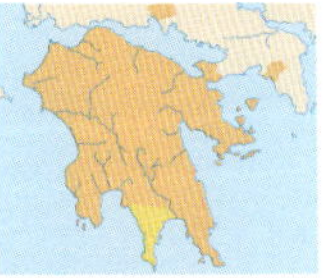

Le Magne★★

Péninsule montagneuse aux contours déchiquetés, isolée par la barrière du Taygète, le Magne est un pays à part. Une terre âpre, de rocaille brûlante, marquée par un soleil dur, un vent soufflant sans répit. Longtemps les clans familiaux s'affrontèrent, comme en témoignent les maisons-tours fortifiées hérissant le paysage. De petites églises byzantines rappellent l'intense vie religieuse qui anima aussi cette terre. À condition de les trouver ouvertes, plusieurs d'entre elles sont ornées de fresques remarquables.

▶**Accès :** en bus, de la gare routière d'Athènes *(www.ktel-lakonias.gr, 5/j - 4h15).*

Carte détachable du Péloponnèse C4.

▶**Conseil :** une voiture ou un deux-roues (locations à Githio) est indispensable pour découvrir la région.

CÔTE ORIENTALE

Githio

(Gýtheio - Γύθειο)

C4 Porte orientale du Magne et ancien port de la Sparte antique, Githio se love au creux du golfe de Laconie, étirant son quai jalonné de jolies façades aux volets colorés.

Ses rues cachent des **maisons ottomanes** aux balcons de bois en encorbellement. Les alentours de la jetée concentrent l'animation en été avec leurs tavernes de poisson. Des **maisons néoclassiques** s'étagent sur une colline plantée d'oliviers.

Centre culturel du Magne oriental

À 200 m au nord-ouest du port en longeant le front de mer - ✆ 273 30 23 888 - www.kpmanis.gr/fr - 10h-13h, 18h-21h - gratuit.

Installé dans une ancienne école de style néoclassique (1896), il abrite un petit musée sur le patrimoine, les traditions et les spécialités gastronomiques de la région. Sa visite est instructive avant d'explorer la région du Magne.

Îlot de Kranaï

Relié à la terre depuis 1998, il passe pour avoir abrité la première nuit d'amour de Pâris et Hélène, avant leur départ pour Cythère, puis Troie. Allez vous promener jusqu'à la tour Tzanetakis (1829) aménagée en **musée** *(w.-end 8h-16h - 2 €).* Vous y verrez une intéressante exposition sur l'architecture des tours fortifiées de la région.

Théâtre romain

R. Apollonos - au nord de la ville, 200 m à l'ouest du stade - accès libre. Seul vestige notable de la ville antique, il a été détruit par un tremblement de terre. Certains gradins conservent encore leurs dossiers de pierre.

bennymarty/Getty Images Plus

Baie de Porto Kagio.

Côte de Githio à Lágia

C4 Les **plages** s'égrènent au sud de Githio : **Mavrovouni**, à la sortie du village du même nom *(3 km)*, la très fréquentée baie de **Vathi** *(10 km)* avec une rivière qui surgit de la roche, **Kamares** *(15 km)* ou **Skoutari★** *(20 km)* dont les trois petites plages de sable fin sont encore des havres de paix.

De Githio, la route passe par **Skoutari★** avant de rejoindre **Flomochori**, dont les tours sont les plus hautes du Magne, et **Exo Nimfio★**, impressionnant avec ses tours accrochées à flanc de montagne.

De là, on atteint ensuite le beau village de **Lagia★**.

Baie de Pórto Kágio ★★

(Porto Κάγιο - Πόρτο Κάγιο)

C4 Située sur la côte est, elle sert de havre aux oiseaux migrateurs et abrite quelques maisons au creux d'une **anse** à peine ouverte. À 110 m d'altitude, sur la colline dominant le village, se dressent les vestiges de la **citadelle de Mani**, que certains imaginent être le Grand Magne bâti en 1250 par le prince Guillaume II de Villehardouin. De là, **vue★** à 360° sur la baie et celle de Marmani *(à l'ouest)*.

Kokkinogia

C4 La route s'arrête dans ce minuscule hameau qui compte une taverne. Sur le rivage, à gauche du parking, la chapelle

Agios Asomatos (10e-11e s.), en ruine, occupe l'emplacement d'un **sanctuaire spartiate** qui fut, selon la légende, fondé par Ténaros, fils de Zeus. Subsistent les fondations du temple de Poséidon et l'entrée de la grotte d'Hadès que les Anciens considéraient comme l'entrée du monde des morts. À droite du parking commence le sentier menant au cap Ténaro.

POINTE SUD ★★

Cap Ténaro ★★

(Akrotírio Taínaro - Ακρωτήριο Ταίναρο)

C4 *40mn à pied au dép. de Kokkinogia - prévoyez de bonnes chaussures et des protections solaires.*
Aussi appelé **Matapan** pendant la période franque, le cap Ténaro est le point le plus méridional de Grèce continentale. Il est baigné par les eaux de la Méditerranée *(à l'est)* et de la mer Ionienne *(à l'ouest)*. Peu après Kokkinogia, le sentier longe les ruines d'une villa romaine (1er s. apr. J.-C.) où subsiste une **mosaïque** circulaire, puis des petites criques où se baigner.

À l'extrémité, un **phare** de 16 m de hauteur érigé en 1892 domine ce cap qui a connu tant de batailles et de naufrages.

Baie de Marmari ★

C4 La route longeant la côte déchiquetée et ventée mène au complexe Marmari Paradise, qui profite de la présence de deux **plages** de sable ; celle située au sud est moins fréquentée, car difficile d'accès.

Vathia ★★

(Vátheia- Βάθεια)

C4 Un étrange village-citadelle surgit au sommet d'une colline face à la mer, comptant **150 tours, maisons, églises et bâtisses fortifiées** ramassées les unes contre les autres.
Aujourd'hui désertées, elles furent érigées jusqu'en 1915 par quatre familles, dans le cadre d'un long conflit clanique qui dura deux siècles. L'ensemble paraît être l'émanation de l'austère paysage environnant. L'impression d'abandon résulte de la fermeture des hôtels aménagés dans les années 1990.

L'architecture maniote

Le Magne se distingue par ses centaines de **tours fortifiées** héritées des kapetani, dont beaucoup tombent en ruines. Carrées ou rectangulaires, percées de rares fenêtres, ces bâtisses de trois ou quatre étages d'une seule pièce permettaient d'assurer la défense du clan. La plus grande densité de tours s'observe à Vathia et Kita, à l'extrême sud. Quant aux **églises byzantines**, elles datent surtout des 11e et 12e s., lorsque la péninsule fut enfin christianisée. De dimensions modestes et adoptant le plan classique en croix inscrite avec coupole sur tambour, la plupart abritent des fresques des 12e au 14e s. D'inspiration naïve mais très vivante, elles incorporent parfois des éléments francs, en particulier dans le traitement des guerriers et des chevaux.

Geroliménas ★

(Γερολιμένας)

C4 Voici un petit port de pêche blotti au fond d'une rade dominée par une falaise. Il y règne une ambiance de bout du monde, en dépit de la présence de tavernes et d'une petite plage.

Nomia et Kita ★

C4 Les deux villages se font face de chaque côté de la route. **Kita★** ou Koita *(côté montagne)* et Nomia *(côté mer)* possèdent la plus forte concentration de **tours fortifiées★** du Magne. Elles témoignent de la folie des vendettas : pendant trente ans, les clans des deux villages s'entre-tuèrent. Cette « guerre » prit fin en 1871 avec l'intervention de l'armée.
Aujourd'hui, Kita conserve 11 de ses 28 mini-forteresses, dont la plus haute est la **tour Lazarogonas** (6 étages), qui fut la dernière construite, en 1850. Nomia possède la plus ancienne du Magne, la **tour Mesiskli** (17e s.).
Les deux villages méritent aussi une halte pour leurs **églises byzantines★** (9e-14e s.). Elles sont une dizaine, pour certaines décorées de belles fresques.

CÔTE OUEST

Grottes de Diros ★★

(Spílaia Dirоú - σπηλιά του διός)

C4 *À 12 km au sud-ouest d'Aréopoli* via *Pyrgos Dirou - Spiléa Dirou - ✆ 273 30 52 222 - www.diros-caves.gr - de déb. avr. à fin oct. : 9h-17h ; reste de l'année : 8h30-16h30 - 15 € (3-18 ans 10 €) - visite guidée (en grec) 45mn.*
Malgré un délai d'attente parfois long et des places de parking rares, le lieu vaut le détour. À bord d'une barque, on glisse sur une rivière souterraine *(1,3 km)*, tête baissée pour éviter les stalactites, en admirant les « chambres roses » et « rouges » qui tirent leur nom de la couleur des concrétions qui les recouvrent.

P. Eastland/age fotostock

Tours et bâtisses fortifiées à Vathia.

Areópoli ★

(Αρεόπολη)

C4 *À 27 km au sud-ouest de Githio.*
Ce paisible bourg, devenu l'épicentre du tourisme maniote, s'étend au pied d'une montagne pelée, à une encablure du golfe de Messénie. Autrefois appelé Tsimova, il fut le fief du **clan Mavromichalis**, qui déclencha ici la guerre d'Indépendance en 1821. En 1830, il perdit son nom slave pour

être rebaptisé en l'honneur d'Arès, le dieu grec de la Guerre. Garez-vous près de la vaste place Athanaton, ornée de la statue de Petros Mavromichalis, puis empruntez à pied la rue Kapetan Matapa. Elle traverse le **vieux centre** à l'ombre des tours fortifiées et des maisons de pierre aux toits de tuiles rouges.

Place du 17-Mars

(pl. 17is Martíou)

Elle est dominée par le campanile (1836) de l'**église des Taxiarques** *(souvent fermée)*. Élevé au 18e s., l'édifice est orné sur ses murs extérieurs de plaques de marbre sculptées figurant les signes du zodiaque. Notez également le soin apporté à la décoration de l'**abside★**. Petros Mavromichalis proclama en ces lieux le début de la guerre d'indépendance et y lança son cri de ralliement (« La victoire ou la mort ! »), le 17 mars 1821, avant de s'emparer de Kalamata 6 jours plus tard.

Tour Pikoulakis

À 120 m au sud de la pl. du 17-Mars - ✆ 273 30 29 531 - tlj sf mar. 8h30-15h30 - 3 €.

L'une des trois belles maisons fortifiées d'Aréopoli accueille un petit **musée** comptant quelques icônes, fresques et éléments architecturaux provenant des églises byzantines de la région. Remarquez le **templon** en marbre sculpté de l'église Agios Ioannis (12e s.), près de Pyrgos Dirou. Une exposition revient sur l'évangélisation tardive du Magne.

Liméni

(Λιμένι)

C4 *À 5 km au nord d'Aréopoli.*

Le petit port de pêche occupe le fond d'une calanque. Vous vous y arrêterez pour ses tavernes, les pieds dans l'eau. Pour vous baigner, il faudra pousser jusqu'à la plage de **Tsipa**, constituée selon les années et les courants de sable ou de galets.

Itylo

(Oitylo - Οίτυλο)

C4 *À 7 km au nord de Liméni.*

L'ancienne capitale de la région était protégée par la **citadelle de Keléfa**, forteresse ottomane du 17e s. ruinée. La station balnéaire s'étale paisiblement à ses pieds. Sur la place principale, une plaque rappelle, en grec et en français, qu'en 1676, 600 habitants s'installèrent en Corse.

Nomitsi

(Νομιτσί)

C4 *À 15 km au nord-ouest d'Itylo.*

Juste après avoir traversé les beaux villages voisins de **Lagada** (ou Lagkada) et de **Thalames**, découvrez ici deux superbes édifices byzantins. L'**église de la Transfiguration★** (fin du 11e s. ; *en restauration en 2020)*, renferme un templon en marbre (12e s.), des chapiteaux sculptés d'animaux (11e s.) et des fresques (12e et 16e s.). L'**église des Sts-Anargyres** (10e et 13e s.) de Thalames conserve quant à elle quelques précieuses fresques du 10e s. D'autres d'une émouvante beauté ornent les églises de **Platsa** *(à 2 km)*.

Le village de Liméni

Stoupa

(Στούπα)

C4 *À 13 km au nord-ouest de Nomitsi.*
Passé le joli port d'**Agios Nikolaos**, vous découvrirez cette station balnéaire qui possède la plus belle **plage** de la région.

Kardamyli ★

(Καρδαμύλη)

C4 *À 8 km au nord-ouest de Stoupa.*
Le village moderne est attachant et animé de nombreux commerces. L'« old village » *(indications à la sortie nord; ✆ 227 10 73 638 - tlj sf lun. 9h-16h - 3 €)* est protégé par une enceinte byzantine (12e s.) au sein de laquelle s'élèvent le clocher délicatement ouvragé de l'**église Agios Spyridonas** (fin 17e s.), la **tour Mourtzinos** (17e-19e s.) et un bâtiment annexe abritant une petite exposition sur les différentes infrastructures et productions agricoles du Magne.

Gorges du Viros ★

12 km, env. 3h - pour faire cette randonnée en boucle, prenez un taxi jusqu'au village de Tseria, 13 km au nord-est de Kardamyli.
De Tseria, un chemin dallé descend dans la gorge, qu'il faut traverser. Remontez au village d'**Exohorio**, et, en surplombant la gorge à travers les maisons, poursuivez en descente douce puis plus rapide. Retrouvez le fond de la gorge au niveau du **monastère Sotiros** (14e s.). Encore 1h30 et vous rejoignez Kardamyli *via* le **monastère de Lykaki** (fresques du 18e s.) caché dans les cyprès.

Westend 61/hemis.fr

La plage de Stoupa.

Kambos

(Kámpos - Κάμπος)

C3 *À 16 km au nord-ouest de Kardamyli.*
Reconnaissable à son portail sculpté de palmettes, l'**église Agii Theodori★** (12e s.) abrite des **fresques** réputées. Exécutées en 1760, elles représentent les terribles supplices infligés à des martyrs sereins, tandis qu'au plafond trône un Christ en majesté entouré des signes du zodiaque.

Kalamata et ses environs★★

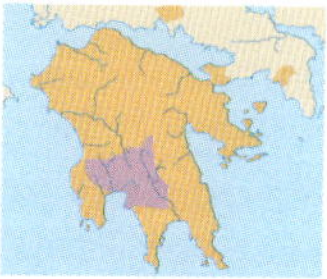

Autrefois seulement réputée pour ses olives, la capitale de Messénie, deuxième plus grande ville du Péloponnèse, après Patra, s'est métamorphosée depuis que son aéroport accueille en saison des vols en provenance de France et de nombreux pays européens. Cosmopolite, balnéaire, jeune et dotée d'un centre ancien très animé, la ville située au pied du Taygète peut constituer une bonne base de départ pour explorer l'antique Messène toute proche, mais aussi le Magne et Mystra. À condition bien sûr d'aimer les ambiances urbaines !

▶**Accès :** aéroport de Kalamata *(à 8 km au nord-ouest de la ville - ✆ 273 60 63 800/805)*. Liaisons saisonnières avec Paris-Orly, Paris-CDG, Lille, Nantes, Bruxelles, Genève, Zurich et Thessalonique. Bus à partir d'Athènes *(12/j, 3h)*.

Carte détachable du Péloponnèse C3.

▶**Conseil :** Visitez Mystra le matin et l'ancienne Messène au soleil couchant.

KALAMATA

(Καλαμάτα)

ℹ 28 r. Aristomenous - ✆ 272 13 60 754.

C3 Le **front de mer** dispose d'une belle **plage**. Derrière s'ouvre le vaste **quartier résidentiel** reconstruit après le séisme de 1986. Plus au nord, la **ville ancienne** est la partie la plus vivante et conserve quelques maisons néoclassiques. Le **château**, édifié vers 1210, s'élevait sur la colline dans le quartier du **Kastro**. Seuls subsistent le donjon et l'enceinte offrant une **vue** sur la ville. À l'intérieur des murs *(mai-août : 8h-20h ; nov.-avr. : 8h30-15h30 ; reste de l'année : se rens. - fermé mar. - 3 € (-25 ans gratuit))*, trône la petite **église byzantine** de la Vierge Kalomata (« du bon œil »). Au pied de la colline se dresse l'imposante **cathédrale d'Ipapandi**, datée de 1873.

Musée archéologique de Messénie ★

3 r. Ag. Ioannou - ✆ 272 10 83 485 - archmusmes.culture.gr - 8h-20h 20h, lun. 13h30-20h - 3 € (-19 ans gratuit).
Au cœur du quartier piétonnier animé de la ville ancienne, il abrite une riche collection d'objets mis au jour dans la région. Notez l'ensemble de **plaques votives en terre cuite** (4e-3e av. J.-C.), et le gracieux **cheval à queue de poisson★** en bronze (6e-5e s. av. J.-C.).

AUX ENVIRONS

Ithomi, l'ancienne Messène ★★

(Ithomi - Ιθώμη, Archéa Messíni - Αρχαία Μεσσήνη)

B3 *Village de Mavromati, à 33 km au nord-ouest de Kalamata - prenez la dir.*

de l'aéroport et suivez les panneaux « Ancient Messene ».

Mavromati★ (Μαυρομάτι)

Le paisible village en balcon domine les ruines de l'ancienne Messène. De là, on bénéficie d'une **vue★★** grandiose avec laquelle aucun autre site archéologique du Péloponnèse ne peut rivaliser. Le regard embrasse toute la ville antique et son écrin verdoyant qui glisse en pente douce jusqu'au golfe de Messénie.

Site archéologique★★

À la sortie ouest de Mavromati, par la r. qui descend le long du musée - ✆ 272 40 51 201 - www.ancientmessene.gr - avr.-oct. : 8h-20h ; nov.-mars : 9h-16h - 12 € (-18 ans gratuit).

Inscrits au Patrimoine mondial de l'Unesco, les vestiges de ce qui fut la plus grande ville de Messénie constituent l'un des plus beaux sites de Grèce, mais aussi l'un des moins connus.

L'**agora**, érigée à partir de 369 av. J.-C., s'ouvre à droite par les puissants murs du **théâtre★**, l'un des plus grands du monde grec. À gauche, un autre mur et deux colonnes signalent la **fontaine d'Arsinoé**. En contrebas du théâtre, s'étendent les fondations d'une basilique byzantine (7ᵉ s.).

Le vaste complexe du **sanctuaire d'Asclépios** date du 4ᵉ s. av. J.-C. Il se composait de 4 **portiques corinthiens**. Au centre, se dressait un grand **temple dorique**. Le sanctuaire était entouré de bâtiments divers : le **temple d'Artémis**, le **bouleuterion**...

À l'est, ne manquez pas l'**ekklesiasterion★**, salle d'assemblée organisée autour d'une **orchestra★** tapissée de marbres polychromes.

Le **stade★★** constitue un remarquable complexe sportif, avec son **gymnase★** *(à gauche de la piste)*. Sur la droite s'élèvent un monument évoquant la façade d'un petit temple dorique, une **chambre funéraire★** (fin 3ᵉ s. av. J.-C) à l'étonnant toit pointu, et les vestiges de la **palestre★**. Le mausolée dorique de l'**heroon des Saithidae** (1ᵉʳ s.) marque l'extrémité du stade.

Musée archéologique

Le long de la rte principale, près de l'entrée du site archéologique - ✆ 272 40 51 201 - avr.-oct. : 8h-20h ; nov.-mars : 9h-16h - inclus dans le billet du site. Il expose plusieurs statues provenant du site. Les plus précieuses sont des copies en marbre du 1ᵉʳ s. reproduisant les œuvres de l'atelier du sculpteur grec Polyclète : l'**Hermès de Messène** et le **Doryphore**.

Remparts★★

À 800 m au nord-ouest du musée, la **porte d'Arcadie★★** est la partie la plus spectaculaire de la muraille. Ponctuée de tours, celle-ci dévale du mont Ithomi et ondule sur son flanc sur près de 10 km.

Mystra ★★★

(Mystrás - Μυστράς)

C3 *Deux entrées, en haut et en bas de la colline - ✆ 273 10 83 377 - avr.-sept. : 8h-20h ; oct.-mars : 8h30-18h - 12 € (-18 ans gratuit).*

Ancienne capitale de la Morée, foyer de la renaissance politique et culturelle byzantine, puis ville ottomane florissante, Mystra est l'un des sites les

R. Mattes/hemis.fr

L'église des Saints-Théodores, à Mystra.

plus envoûtants de Grèce, inscrit au Patrimoine mondial de l'Unesco depuis 1989.

Château ★ (Kástro - Κάστρο)

Il conserve sa spectaculaire **double enceinte★**, que l'on peut parcourir à pied. L'endroit, en ruine, vaut surtout pour ses **vues★★** impressionnantes.

Ville haute★★ (Áno Póli - Άνω Πόλη)

Premier édifice à découvrir : l'**église Ste-Sophie★★** *(Agia Sofia)*, bâtie au milieu du 14e s. Les murs affichent des fragments de **fresques★**. Ne manquez pas le **palais du despote★** *(en cours de restauration)*, qui occupe deux côtés d'une **esplanade**, ainsi que la **porte de Monemvassia★**, unique accès entre les cités haute et basse.

Ville basse ★★

Le **monastère de la Pandanassa★★**, fondé au 15e s., est l'un des édifices les plus remarquables de Mystra. La façade de l'**église★★** est flanquée d'un magnifique **clocher-porche★** gothique d'inspiration française.
À l'intérieur, prenez le temps d'admirer les splendides **fresques★**.
De l'ancien **monastère Périvleptos★★** subsistent le **réfectoire** et l'**église★**. Bâtie au 13e s., cette dernière a été remaniée au 14e s. et a reçu des **fresques★★** exceptionnelles, inspirées du Nouveau Testament et de la vie de la Vierge.
La **métropole de Mystra ou église Agios Dimitrios★★**, fondée au 13e s., est la plus ancienne église de la ville.

Admirez en particulier le **pavement★** de marbres polychromes et les **fresques★** de la nef nord, côté cour, où apparaissent onze scènes représentant le **martyre de saint Dimitri★** (14e s.). L'œuvre la plus caractéristique, dans la nef opposée, demeure la composition grandiose couvrant la voûte sur le thème de l'**Hétimasie**, qui symbolise l'attente du retour du Christ au Jugement dernier. À l'extérieur, une cour, ouverte au 18e s., ménage une **vue★** superbe sur la plaine. Un escalier mène à un petit **musée** abritant des objets trouvés sur place.

Le **monastère Vrondohion★★** a perdu la plupart de ses bâtiments conventuels, mais a conservé ses deux grands sanctuaires. L'**église des Saints-Théodores★** *(Agii Theodori)*, de la fin du 13e s., est surtout remarquable pour sa **grande coupole★** ; la voûte accueille un immense **Christ pantocrator★**. Antérieure de vingt ans, l'**église de l'Odigitria★★** *(Afendiko)* est ornée de **peintures murales★** du 14e s. Ne manquez pas l'un de ses joyaux, une **procession de martyrs★★**.

Sparte

(Spárti - Σπάρτη)

ⓘ *Av. Likourgou - ✆ 273 10 281 66.*

C3 L'ancienne rivale d'Athènes fit si peu de cas du luxe et du confort et bannit si bien de son paysage monuments et ornementations qu'elle ne laissa aucun vestige majeur à la postérité. Lacédémone, qui mit, pendant l'Antiquité, la péninsule à feu et à sang et asservit ses voisins, est aujourd'hui le plus tranquille des chefs-lieux de province.

Musée archéologique ★

Dans un jardin public, à l'angle des r. Likourgou et Ossiou Nikonos - ✆ 273 10 28 575 - tlj sf mar. 9h-16h - 2 € (-25 ans gratuit).

Pièces intéressantes, de l'époque archaïque à l'époque romaine. Voyez en particulier une série de **mosaïques**, qui décoraient les riches maisons de la cité (3e s. av. J.-C.), **la tête et le buste d'un hoplite**, de style « sévère » (5e s. av. J.-C.), une collection de **masques votifs★** en terre cuite, ainsi qu'une **galère romaine en terre cuite★** du 1er s.

Musée de l'Olive et de l'Huile d'olive grecque ★

(Mousío Eliás kai Ellinikoú Ladioú - Μουσείο Ελιάς και Ελληνικού Λαδιού)

129 r. Othonos Amalias - ✆ 273 10 89 315 - de mars à mi-oct. : tlj sf mar. 10h-18h - 4 €.

Il retrace de façon didactique l'histoire de ce fruit et met en valeur l'importance de l'huile d'olive (alimentation, hygiène, religion...).

Acropole de l'ancienne Sparte

(Akrópoli archéas Spártis - Ακρόπολη αρχαίας Σπάρτης)

Au nord de la ville moderne - entrée libre - comptez 30mn de visite.

De la ville antique ne restent que les vestiges de l'acropole, dispersés sur une colline. On verra notamment les ruines d'une **église byzantine** du 10e s., celles de l'ancien grand **théâtre** de 16 000 places et les fondations du **sanctuaire d'Athéna Chalkioikos**.

Péninsule de Methoni★

(Μεθώνη)

Dans la péninsule de Methoni, en Messénie, tout est à l'image du relief : plus doux, plus apaisant, comme une invite à se poser pour quelques jours de détente. Entre deux baignades sur l'une des plages de sable jalonnant la côte, vous découvrirez des localités de charme et des lieux attachés à de grands moments de l'histoire grecque : le palais de Nestor, l'un des héros de l'Iliade et de l'Odyssée, la citadelle vénitienne de Methoni, et la rade de Pylos, où se déroula la bataille navale qui allait précipiter la fin de la guerre d'indépendance.

▶**Accès :** liaison aérienne entre Thessalonique et Kalamata *(✆ 27360 63 800/805, 1-2/j.)*, puis bus jusqu'à Methoni *(www.ktelmessinias.gr - 3/j.)*.

Carte détachable du Péloponnèse B3-4.

▶**Conseil :** à défaut d'offices de tourisme, vous trouverez dans chaque village des agences de voyages proposant chambres et moyens de transport.

KORÓNI

(Κορώνη)

B4 *À 55 km au sud de Kalamata.*

Perchée sur un promontoire rocheux dominant la mer, Koroni est une charmante petite cité de 1400 habitants qui fut au Moyen Âge un important centre naval.

À l'extrémité du front de mer bordé de cafés et de restaurants, près de la jetée du port *(parking)*, traversez la place bordée de bâtiments à arcades, puis prenez à gauche une rue entrecoupée d'escaliers. Elle grimpe jusqu'à l'imposante **porte gothique** de la **citadelle**. À l'intérieur de l'enceinte se trouvent une oliveraie, des maisons avec leur potager, des églises et un monastère. La longue **plage de Zaga**★ *(à 20mn à pied du centre-ville)* s'étend au sud-ouest de la localité, en contrebas du **monastère de la Vierge d'Eleistra**.

METHÓNI ★

(Μεθώνη)

B4 *À 31 km à l'ouest de Koroni* via *Finikounda.*

La cité la plus méridionale de la côte ouest du Péloponnèse, fleurie et bien pourvue en équipements touristiques, est une petite ville idéale pour séjourner. L'ancienne Modon des Vénitiens est réputée pour sa **citadelle** et sa grande **plage de sable**★.

Citadelle vénitienne ★★

(Κάστρο της Μεθώνης)

À l'extrémité sud de la r. principale (Episkópou Grigoríou) - ✆ 272 30 28 758 - de mi-mai à fin oct. : tlj

siete_vidas/Getty Images Plus

Tour Bourdzi, à Methoni.

sf mar. 8h-20h; reste de l'année: 8h30-15h30 - 3 €.
Fermant l'ouest de la baie de Methoni, elle demeure l'une des mieux conservées de toute la Méditerranée. Une fois franchi le majestueux **pont de pierre★** bâti en 1828 par les Français, on pénètre, à gauche, dans une rue pavée encadrée de hauts murs. Après avoir passé trois portes, on débouche dans l'enceinte de la forteresse. Suivez le rempart oriental *(à gauche)*, le long duquel se succèdent les ruines d'un bain turc, de citernes, d'une poudrière

Une place convoitée

Site idéal pour surveiller l'entrée de la mer Ionienne, la presqu'île qu'occupe la **citadelle vénitienne** accueillit une cité antique, puis une ville médiévale. Au retour des croisades, les Vénitiens y construisirent cette puissante forteresse, qui abritait également des habitations. L'ouvrage était si bien défendu que, en 1500, le sultan **Bajazet II** dut mobiliser pas moins de 100 000 hommes, 500 canons, et bombarder la place un mois durant avant de pouvoir s'en emparer. La citadelle demeura aux mains des Ottomans pendant près de trois siècles. Elle fut finalement prise en 1828 par le général français **Nicolas-Joseph Maison**.

et d'une cathédrale latine.
À l'extrémité sud de la citadelle, une tour octogonale érigée par les Ottomans au 16e s., dite **tour Bourdzi★★** (de l'arabe *bordj* signifiant « fortin »), jaillit des flots, solitaire. Le chemin de ronde révèle un **panorama★**, qui embrasse la citadelle, la rade et les îles de **Sapientza** et de **Schiza**.

PÝLOS ★

(Πύλος)

B3 *À 12 km au nord de Methoni.*
Gardée à l'ouest par la muraille rocheuse de l'île de Sfaktiria, la rade de Pylos (ou de Navarin) est l'une des plus belles et des plus sûres de toute la Méditerranée. Ici se déroula, en 1827, la **bataille de Navarin**, qui préluda à l'indépendance de la Grèce.
La baie est malheureusement enlaidie par la récente construction d'un complexe hôtelier de luxe attenant à un golf.
La petite ville de 2300 habitants s'étale en amphithéâtre face à la mer, au sud de la baie. Prenez le temps d'arpenter les ruelles en pente et les escaliers. Ils débouchent sur la **place des Trois-Amiraux** *(platia Trion Navarkhon)*, dont les gigantesques platanes ombragent de paisibles cafés. Au centre, un monument est dédié aux vainqueurs de la bataille navale.
Doublé d'une marina, le petit **port**, venteux, est jalonné de belles façades anciennes.
En face de la jetée et du parking, la **maison Tsiklitiras★** abrite une incroyable collection de lithographies et de gravures. Celles-ci racontent en image l'histoire de la lutte pour l'indépendance de la Grèce.
✆ 272 30 22 010 - tlj sf lun. 8h-15h - 2 € (-25 ans gratuit).

Forteresse de Niokastro ★

(Νιόκαστρο)

Sur la colline à l'ouest de la ville - ✆ 272 30 22 955 - avr.-août : tlj sf mar. 8h-20h ; sept.-oct. : 8h-coucher du soleil ; reste de l'année : 8h30-15h30 - 6 € (-25 ans gratuit).
Appelée « nouveau château » (*Niokastro* ou *Neokastro*), elle fut construite par les Ottomans peu après leur défaite à Lépante (1571), afin de fermer la rade. Longtemps habitée, la forteresse fut constamment remodelée par ses différents occupants. Ses puissants remparts offrent un superbe **panorama★★** sur la rade. Elle est couronnée au sud-est par la **citadelle de l'acropole**.

Musée archéologique

À gauche de l'entrée.
Il contient des découvertes provenant des sites de la région, de la préhistoire à la période romaine. Notez les deux statues des Dioscures et trois **vases en verre coloré** d'époque hellénistique.

Église de la Transfiguration

Au centre de la forteresse.
Il s'agit de l'ancienne mosquée Bajazet (fin du 16e s.) reconvertie en église orthodoxe lors de l'occupation russe de 1770-1771. Elle a été restaurée en 2015.

Musée d'Archéologie sous-marine ★

Dans trois sites de la forteresse.
C'est le seul musée de Grèce consacré

aux fouilles en milieu aquatique. Le bâtiment dit « du Pacha » *(en face de l'église)* accueille une exposition sur les **épaves de la mer Ionienne** avec six **statues** d'hommes et de divinités de la période hellénistique. Remarquez aussi les poissons fossilisés. Le bastion Makrigianni *(au-dessus du Musée archéologique)* s'intéresse aux **cités englouties du Péloponnèse**. Il s'agit de deux villages du néolithique et de la ville d'Asopos de Plitra, partiellement ensevelie par un tsunami en 365 apr. J.-C. Enfin, dans la citadelle de l'acropole sont présentées des photographies de fouilles sous-marines.

RADE DE NAVARIN★

(Όρμος Ναυαρίνου)

B3 *Pour les îles, promenade en caïque ponctuée de petites escales au départ du port de Pylos - accès par la route pour la lagune - comptez de 4 à 5h.*

Île de Sfaktiría

(Σφακτηρία)

B3 Inhabitée et barrée à l'est par de somptueuses **falaises★★**, elle fut le théâtre de deux batailles historiques, celle de Navarin et celle de Sphactérie (425 av. J.-C.). Au nord, le mont Ilias est dominé par un **fort spartiate** qui offre une **vue** à 360°.

Îlot de Pýlos

(Νησίδα Πύλος)

B3 Au sud de Sfaktiria, ce rocher de 200 m de longueur est percé par la magnifique **arche de Tripitos★**, une avancée rocheuse creusée par la mer. En haut des falaises *(134 marches)* se trouvent un phare et le **monument français** élevé à la mémoire des marins de la Royale, morts à la bataille de Navarin.

Lagune de Gialova ★

(Λιμνοθάλασσα της Γιάλοβας)

B3 *À 8 km au nord de la ville de Pylos, dépassez le village de Gialova, puis tournez à gauche, dir. « Golden Beach », longez la plage entre deux haies d'eucalyptus, jusqu'à un chemin de terre, puis continuez à pied.*
Séparée de la mer par la belle plage de **Golden Beach★**, cette zone humide de 24 km^2 est classée Natura 2000. Importante halte migratoire, elle accueille jusqu'à **270 espèces d'oiseaux** dont le flamant rose et le cormoran *(tte l'année)*, le balbuzard

Nestor le sage

Selon Homère, Nestor, roi de Pylos et de Messénie, était un sage, l'un des seuls à avoir tenté de ramener la paix dans les rangs grecs pendant la guerre de Troie. Ayant vécu plus de trois générations, il participa à plusieurs expéditions légendaires, dont celle des Argonautes, partis à la conquête de la Toison d'or, et celle contre les Centaures, aux côtés de Thésée et des Lapithes. Enfin, devenu un vieillard, mais toujours vaillant, il prodiguait des conseils écoutés par tous pendant la guerre de Troie. À l'issue de cette dernière, il accueillit dans son château le jeune Télémaque, parti à la recherche de son père Ulysse.

verve231/Getty Images Plus

Plage de Voïdolika dans la lagune de Gialova.

pêcheur, l'**aigle impérial** *(en hiver)*... Le site abrite aussi le **caméléon africain** *(Chamaeleo africanus)* et une zone de ponte de la tortue de mer caouanne *(Caretta caretta)*. La **plage de Voïdolika**★ dessine un parfait arc de cercle. De part et d'autre se trouvent la **tombe de Thrasymède** *(au nord)*, fils de Nestor et la **grotte de Nestor** *(au sud)*.

PALAIS DE NESTOR ★

(Anáktora Néstoros - Ανάκτορο Νέστορα)

B3 *Bien indiqué, le site archéologique est à 19 km au nord-est de Pylos - le musée qui lui est dédié est situé 4 km plus loin, dans le village de Hora.*

Le palais du 13e s. av. J.-C., renommé en l'honneur du mythique roi de Pylos, est en fait le cœur de l'**ancienne Pylos**, capitale d'un des principaux centres de la culture mycénienne (17e-12e s. av. J.-C). Comme Mycènes et Tyrinthe, la ville fut brutalement détruite vers 1200 av. J.-C., mais le site reste l'un des palais mycéniens les mieux conservés.

L'ancienne Pylos nous est surtout connue grâce aux 1250 tablettes d'argile gravées en **linéaire B** qui aidèrent au déchiffrage de cette forme archaïque de grec ancien.

Site archéologique ★

(Αρχαιολογικός χώρος)

Anc. rte nationale Pylos-Kiparissia - Ano Englianos (Hora) - ✆ 276 30

31 437 - avr.-sept. : tlj sf mar. 8h-20h ; reste de l'année : 8h30-15h30 - 6 €.
Le complexe de 105 pièces (170 x 90 m) est protégé par un auvent métallique qui dépare un peu le paysage. Mais le site, rénové en 2016, se révèle très « lisible » avec ses trois ailes, ses murs de 1 m de hauteur, ses vestiges d'escaliers et sa surprenante absence de murs défensifs.
Le **palais principal** s'ouvre par un propylée flanqué à droite par un corps de garde, et à gauche par une salle d'archives où furent découvertes les fameuses tablettes. Une cour lui fait suite, puis on pénètre dans la **salle du trône**, jadis richement décorée. Derrière le corps de garde, on rejoint la **chambre de la reine**.

À gauche du palais principal, au-delà d'une cour pavée, s'étendent les vestiges d'un **palais plus ancien**, tandis que de l'autre côté se concentrent les **dépendances**. En quittant le site, à 100 m du parking, remarquez l'une des nombreuses **tombes circulaires à coupole** semblables à celles de Mycènes.

Musée archéologique ★

(Αρχαιολογικό Μουσείο Χώρας)
R. Spirou Marinatou - Hora - ✆ 276 30 31 358 - tlj sf mar. 9h-16h - 3 € (-25 ans gratuit).
Il rassemble les trouvailles faites au palais de Nestor et dans les tombes avoisinantes. Son fonds compte quelque 4 000 pièces datant de l'âge du cuivre à l'époque archaïque, mais seules des copies des tablettes gravées du linéaire B sont présentées, les originales se trouvant au Musée archéologique national d'Athènes. La première salle est surtout réservée aux **coupes en or** et autres trésors découverts dans une tholos. La deuxième regroupe des **fragments de fresques**★ provenant du palais, ainsi qu'une série de vases et de poteries votives. La dernière abrite un énorme *pithos* (jarre), de près de 2 m de haut, et deux cheminées du palais.

L'énigme de l'agate

En 2015 a été mis au jour, dans un champ proche du palais de Nestor, un sceau royal d'origine crétoise daté d'environ 1450 av. J.-C. : l'**agate du combat de Pylos**. Figurant un corps à corps, la pierre d'à peine 3,6 cm de large a bouleversé les connaissances de l'art de l'âge du Bronze en Grèce par sa finesse d'exécution inconnue jusqu'à ce jour. À tel point même que certains détails (armes, vêtements et corps) ne sont visibles qu'à la loupe ! Or, les Crétois ne connaissaient pas cet instrument. Une spécialiste des sceaux minoens pense que l'agate aurait été travaillée à l'aide d'un tour à axe horizontal, qui permettait de graver des pierres semi-précieuses dures, comme l'agate, le cristal de roche ou le jaspe vert.

Olympie et le cœur du Péloponnèse★★

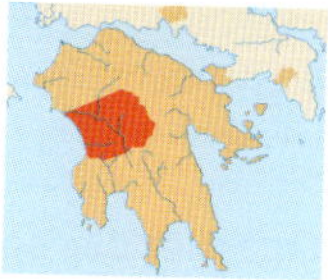

Entre Tripoli et la mer Ionienne, se dressent les montagnes d'Élide et d'Arcadie. Négligé par les touristes, le cœur du Péloponnèse conserve un charme rustique et une authenticité rares. Dans ses villages de pierre et de bois, aux maisons serrés sur les pentes abruptes, la vie artisanale demeure inchangée depuis des décennies. Dans un majestueux écrin de montagnes se cache le temple de Vassae, l'un des monuments les mieux conservés de la Grèce antique, tandis que le site archéologique d'Olympie, berceau de l'olympisme, s'étend dans la vallée riante et fleurie du fleuve Alphée. Une terre de contrastes, à découvrir absolument !

▶**Accès :** en bus, d'Athènes à Olympie, *via* Pyrgos *(www.ktelilias.gr - bus Olympie-Pyrgos ttes les 1h env. - 6h).*

Carte détachable du Péloponnèse BC2.

▶**Conseil :** une voiture est indispensable pour sillonner cette région enclavée.

OLYMPIE ★★★

(Olympia - Ολυμπία)

B2 Empreint de douceur et de sérénité, le berceau de l'olympisme est un site d'une grande poésie, surtout quand on la chance de le visiter un petit matin de printemps, lorsqu'il est coloré de fleurs sauvages... et pas encore envahi par les groupes.

Le stade, ratissé de frais, les temples et les installations sportives sont les témoins des jeux qui étaient organisés tous les quatre ans en l'honneur de Zeus.

Actif pendant plus d'un millénaire, l'antique sanctuaire revit tous les deux ans à l'occasion de la cérémonie de l'allumage de la flamme des Jeux olympiques modernes.

Site archéologique ★★★

(Αρχαιολογικός χώρος)

Ancienne route nationale n° 74 (Palaiá Ethnikí Odós 74) - au sud-est de la ville moderne, à l'extrémité de la r. Praxitéli Kondýli, au niveau du parking, prenez à gauche la rte qui descend et enjambe la rivière Kladéos - ✆ 262 40 22 517 - 8h-20h (15h nov.-mars) - billet combiné avec Musée archéologique et musée d'Histoire des Jeux olympiques : 12 €.

Classé au Patrimoine mondial de l'Unesco en 1989, le site s'étend sur 105 ha. Il comprend trois grandes zones : le **sanctuaire**, au centre, avec tout autour les bâtiments dits **annexes**, destinés à la fois à l'entraînement des athlètes et à l'accueil des prêtres, des délégations et des hôtes de marque. Enfin, les **installations sportives** proprement dites, avec le stade et l'hippodrome, occupent l'extrémité est du site.

Quartier des annexes

Le chemin longe d'abord à gauche les **thermes de Kronion** (du 2e s. av. J.-C au 5e s.), ornés d'une **mosaïque** figurant Neptune avec quatre chevaux marins. À droite s'étend le **gymnase** (2e s. av. J.-C.), vaste cour où s'entraînaient les athlètes dont les disciplines réclamaient de l'espace. Les autres se réservaient le bâtiment voisin, la **palestre**★ (3e s. av. J.-C.). Au-delà de la palestre se dresse une **église** byzantine érigée au 5e s. sur une partie de l'**atelier de Phidias** (5e s. av. J.-C.).

Quelques mètres plus loin se trouvait le **Leonidaion**, immense hôtellerie construite vers 330 av. J.-C., où étaient logés les athlètes et les hôtes de marque. Dans le fond, on aperçoit les restes d'anciens **thermes romains**.

Revenu sur vos pas, prenez un escalier en bois sur la droite ; il donne accès à la **voie des Processions**, créée par les Romains. Au bout, à droite, le **bouleutérion** (6e s. av. J.-C.), très ruiné, accueillait le sénat olympique. Les athlètes y prêtaient serment avant de concourir.

Sanctuaire (Altis)

Constitué au départ par le « bois sacré » *(alsos)* de l'Altis, ce carré de quelque 200 m de côté fut utilisé de 776 av. J.-C. jusqu'au 4e s. pour accueillir des temples, autels et autres monuments dédiés au culte. Il constituait l'un des lieux les plus sacrés de l'Antiquité gréco-romaine.

Le **temple de Zeus**★★ (milieu du 5e s. av. J.-C.) se devait d'être le plus grand et le plus fastueux. Sur 70 m de longueur et 29 m de largeur, le temple alignait 6 colonnes doriques en façade et 13 sur chacun des grands côtés. Le décor était à l'avenant avec la colossale merveille de Phidias *(voir encadré p. 82)* présente dans la *cella*, et les admirables métopes et frontons rehaussant l'extérieur. Devant le temple subsiste la base triangulaire où se dressait la colonne de 9 m de haut supportant la statue de la Victoire ou **Niké** exposée au musée.

Au nord du temple de Zeus, au-delà du **Pélopion** (6e s. av. J.-C.), dédié à Pélops, roi mythique fondateur des Jeux olympiques, trois colonnes dressées signalent le **temple d'Héra**★★ *(Héraion)*, dédié à la femme et sœur de Zeus. Plus ancien temple dorique du Péloponnèse (vers 600 av. J.-C.), il servit de modèle à tous les temples grecs édifiés par la suite. L'édifice de 50 m de longueur et 18,76 m de largeur possédait 6 colonnes en façade et 16 sur les côtés. L'intérieur abritait notamment le célèbre Hermès de Praxitèle, l'un des joyaux du musée archéologique. Devant la façade orientale subsiste la base de l'**autel d'Héra**, toujours utilisé pour l'allumage de la flamme olympique. Côté ouest se dresse le **Philippéion**★, élégante *tholos* de 15 m de diamètre édifié par Philippe II de Macédoine.

Quittez l'Altis en empruntant, derrière la base triangulaire proche du temple de Zeus, une allée en bois menant jusqu'aux vastes ruines de la **villa de Néron**. Remontez ensuite le long des ruines du **portique d'Écho**,

Vestiges du temple de Zeus à Olympie

construit au 4e s. av. J.-C. pour séparer le sanctuaire des installations sportives.

Aire sportive

Seul vestige du site dévolu aux compétitions, le **stade★★** est le moment fort de la visite. Ici se déroulaient les prestigieuses épreuves de course à pied, comme le *stadion* (sprint) et l'*hoplitodromos* (en armure). En 2004, c'est également ici qu'eurent lieu les épreuves de lancer de poids des J.O. d'Athènes.

Maintes fois remodelé, le stade a pris sa forme actuelle au milieu du 5e s. av. J.-C. On y accède par le **krypté** (3e s. av. J.-C.), couloir voûté réservé aux athlètes, aux juges et aux prêtres. On débouche alors directement sur le **dromos** (piste). La piste est délimitée par l'**aphésis** (ligne de départ), située devant le krypté, et la **terma** (ligne d'arrivée), à l'ouest. Entre les deux lignes, les coureurs parcouraient 192,27 m, c'est-à-dire 600 fois l'unité de mesure locale, le pied d'Olympie (32,04 cm). Les **talus** furent aménagés à la fin du 6e s. av. J.-C. pour accueillir jusqu'à 45 000 spectateurs. Sur le talus sud subsiste l'**exèdre des hellanodices**, espace rectangulaire en pierre où siégeaient les juges. En face, se dresse la base de l'**autel de Déméter Chamyné** à côté duquel se tenait la prêtresse de la déesse, seule femme admise à assister aux Jeux.

Au sud du stade, s'étendait l'**hippodrome**, où se déroulaient les redoutables épreuves hippiques de quadrige. Enseveli par les changements du cours de l'Alphée, il n'a pas encore fait l'objet de fouilles.

En sortant du stade, grimpez quelques marches à droite pour accéder à la **terrasse des Trésors**, creusée sur le versant du mont Kronion. Elle aligne les ruines étayées de 12 « trésors », petits édifices commandés par les cités et colonies grecques pour abriter leurs offrandes aux dieux.

Au bout de la terrasse des Trésors, visible du sentier en contrebas, vous découvrez le **nymphée d'Hérode Atticus★**, bien conservé, formant un large demi-cercle de pierre. Achevée en 160, cette immense fontaine porte le nom du riche mécène grec et consul romain à qui Athènes doit l'odéon situé au pied de l'Acropole.

Regagnez ensuite la sortie en longeant le temple d'Héra, puis en prenant l'allée à droite après avoir dépassé le Philippeion.

Musée archéologique ★★★

(Αρχαιολογικό Μουσείο)

Entrée principale par le parc situé derrière la billetterie du site archéologique - autre entrée : par un chemin descendant de la gare ferroviaire via *le restaurant Ambrosia - ✆ 262 40 22 742 - 8h-20h (15h nov.-mars) - entrée comprise dans le billet combiné du site.*

Moderne et bien agencé, il compte parmi les plus riches musées du pays. Ses 12 salles présentent les découvertes faites à Olympie par ordre chronologique.

Salle 1 – Elle est consacrée aux découvertes datant de l'époque préhistorique jusqu'à l'époque mycénienne. Remarquez les **figurines en terre cuite** retrouvées dans les tombes des environs d'Olympie.

J.-P. Lescourret/hemis.fr

Musée archéologique d'Olympie.

Salle 2 – Parmi l'incroyable collection d'*ex-voto* d'animaux d'époques géométrique et archaïque, se détache une **tête de sphynx★** (7e s. av. J.-C.). La salle est dominée par l'**acrotère discoïde** en terre cuite qui ornait le sommet du fronton du temple d'Héra.

Salle 3 – Elle est principalement consacrée aux frontons de la terrasse des Trésors (6e s. av. J.-C) avec la **frise du trésor de Mégare** et celles du **trésor de Géla**.

Salles 4 et 6 – La salle 4 regroupe des **acrotères en terre cuite** (5e s. av. J.-C.) de la terrasse des Trésors, et l'une des pièces maîtresses du musée, **Zeus enlevant Ganymède**. Remarquez aussi le **casque de Miltiade** que portait le général athénien lors de la bataille de Marathon (490 av. J.-C.).
En forme d'alcôve, la salle 6 expose la **Niké★** (« victoire »), œuvre du sculpteur Paionos, qui s'élevait devant le temple de Zeus.

Salle 7 – Elle abrite les objets mis au jour dans l'**atelier de Phidias** (5e s. av. J.-C.).

Salle 8 – Elle est consacrée à l'**Hermès de Praxitèle★★★**, en marbre de Paros, provenant du temple d'Héra.

Salle 9 – L'époque hellénistique (du 4e au 1er s. av. J.-C.) est représentée par une belle **tête d'Aphrodite**.

Salles 10 à 12 – Elles sont consacrées à l'art romain (à partir du 3e s. av. J.-C.) avec de nombreuses statues d'empereurs, de nobles et de membres de leurs familles provenant

La merveille de Phidias

Aujourd'hui disparue, la **statue chryséléphantine** de Zeus figurait parmi les Sept Merveilles du monde. Étant donné ses proportions (13,50 m de hauteur), Phidias exécuta *in situ* son chef-d'œuvre destiné au temple de Zeus. Le grand maître du classicisme grec s'attela à une tâche considérable qui ne lui prit pas moins de six ans, de 437 à 433 av. J.-C. La statue nous est connue grâce à de nombreux témoignages. Taillées dans le bois, les parties nues du corps divin étaient revêtues d'ivoire, tandis que des feuilles d'or recouvraient les cheveux, la barbe et les accessoires. Assis sur un trône en ébène et en bronze rehaussé d'or, d'ivoire et de pierres précieuses, le dieu tenait dans la main gauche un sceptre surmonté d'un aigle, et dans la main droite une petite Victoire.

du Métrôon, du temple d'Héra et du nymphée d'Hérode Atticus. Notez l'imposant **taureau de marbre★** (v. 150 av. J.-C.). Remarquez, salle 12, d'amusants jouets en forme de statuettes de soldats romains.

Salle 5 – La grande salle centrale, par laquelle se termine la visite, abrite une reconstitution partielle du décor sculpté des deux **frontons★★ du temple de Zeus**, réalisés en marbre de Paros entre 470 et 456 av. J.-C. Sur le **fronton est★**, Zeus *(au centre)* préside aux préparatifs de la course de chars opposant Pélops à Œnomaos. Le **fronton ouest★★★** représente le combat des Lapithes et des Centaures. La salle abrite aussi les 12 **métopes★** de la frise de la *cella* du temple, représentant les Travaux d'Héraclès.

Musée de l'Histoire des anciens Jeux olympiques ★

(Μουσείο Ιστορίας των Ολυμπιακών Αγώνων της Αρχαιότητας)

4 r. Praxitéli Kondýli, au sud de la r. principale, accès par l'escalier au-dessus du parking - ☏ 262 40 29 119 - 8h-20h (15h nov.-mars) - billet combiné du site archéologique - explications en français.

Installé dans un **bâtiment néoclassique** conçu en 1895, il retrace la saga olympique, depuis ses origines jusqu'au 5e s. apr. J.-C. L'exposition est constituée autour d'une grande salle en 14 étapes chronologiques et thématiques.

Les plus anciens objets datent du 15e s. av. J.-C. Il s'agit de **sceaux et bagues** des cultures minoenne et mycénienne portant les premières représentations de pratiques du sport dans le monde grec. Les compétitions s'organisent alors sous l'égide d'Héraklès. La partie la plus intéressante concerne la vie, la préparation et les épreuves sportives elles-mêmes, évoquées à travers une riche collection de **céramiques★** à figures noires ou rouges. Le **strigile** est présent en plusieurs exemplaires, mais aussi sur différents vases. Ce racloir en métal recourbé servait à retirer le sable imprégné de sueur et mêlé d'huile après l'entraînement à la palestre. Une salle s'intéresse à l'exercice des femmes et à l'instauration des **Héraia**, vers 600 av. J.-C., jeux féminins donnés en l'honneur de la déesse Héra. Dans le hall central, consacré à diverses disciplines sportives, est exposé un rare **disque votif en bronze** (3e s. av. J.-C.). Remarquez aussi, dans une petite salle, la **mosaïque**★ (2e-3e s. apr. J.-C.) provenant d'une villa de Patra : elle enseigne quelles étaient les épreuves sportives en vogue à l'époque romaine. La visite s'achève avec la présentation d'autres compétitions panhelléniques : Jeux pythiques de Delphes, Jeux néméens, Jeux isthmiques et Jeux panathénaïques d'Athènes.

LES MONTAGNES D'ÉLIDE ET D'ARCADIE ★★

Temple de Vassae ★★

(Vassés - Βασσές)

B2 *À 31 km à l'est de Tholo. Prenez la dir. de Figalia - ☎ 262 60 22 275 - whc.unesco.org/fr/list/392 (en français) - de 8h au coucher du soleil - 6 € (-18 ans gratuit).*

Depuis 1987, ce joyau de l'Antiquité est entièrement **recouvert d'un immense velum** blanc soutenu par un échafaudage et des câbles en métal. La structure a été posée « à titre provisoire » pour protéger le calcaire des colonnades qui s'effritait sous l'effet des pluies acides et des fortes amplitudes thermiques à 1130 m d'altitude. Malgré d'importants travaux de restauration et différents essais de traitement de la pierre, aucune solution durable n'a encore été trouvée et le monument, classé au Patrimoine mondial de l'Unesco en 1986, semble condamné à rester sous son voile protecteur pour de très longues années. Malgré une certaine déception visuelle en découvrant le site au débouché d'une forêt de platanes et de résineux, le temple de Vassae demeure l'un des plus beaux et des mieux préservés du monde grec. Selon Pausanias, qui le visita au 2e s., le temple de Vassae (ou Bassae, du grec ancien signifiant « ravins »), fut bâti au milieu du 5e s. av. J.-C. par **Iktinos**, l'un des architectes du Parthénon. Il aurait été commandité par les habitants de l'antique Phigalie *(à côté de l'actuel village de Figalia, 14 km au sud-ouest)* pour remercier **Apollon Épikourios** (« celui qui aide ») de les avoir épargnés de la peste qui avait sévi pendant l'une des guerres du Péloponnèse.

Sous son vaste velum, le temple dévoile des **colonnades**★★ blondes, d'une noblesse qui impose le silence. Ses caractéristiques s'avèrent assez inhabituelles au regard des canons classiques : une longueur singulière (15 colonnes sur les côtés et 6 en façade, au lieu des 13 sur 6 traditionnelles) ; un style dorique mâtiné de traits ioniques et corinthiens (une originalité à cette époque) ; une orientation nord-sud plutôt qu'est-ouest ; une ouverture sur le côté oriental, destinée à éclairer la statue d'Apollon ; enfin, dans la cella où trônait celle-ci, des colonnes ioniques reliées au mur par des contreforts.

La frise (aujourd'hui exposée au British Museum, à Londres) courait sur l'entablement du temple, figurant le combat des Grecs et des Amazones, et celui des Lapithes (un peuple de

Thessalie) et des Centaures.
En sortant, promenez-vous parmi les ruines environnantes de bâtiments archaïques et classiques, avant de monter vers la maison du gardien pour jouir d'une **vue d'ensemble★** sur les montagnes de l'Élide *(à l'ouest)* et celles de l'Arcadie *(à l'est)*.

Villages des montagnes ★★

Du temple de Vassae, la **route★★** traverse de beaux villages perchés.

Andrítsaína★ (Ανδρίτσαινα)

B2 *À 14 km au nord de Vassae.*
Le village s'étire le long de la rue principale, bordée de vieilles **échoppes** aux boiseries peintes, où l'on pourra dénicher des objets d'artisanat. La pittoresque place de la mairie est une véritable agora où se retrouvent les habitants lors du marché du vendredi matin. En contrebas, le **Musée ethnographique** rassemble meubles, outils et vêtements anciens *(✆ 210 86 43 979 - www.andritsainamuseum.gr - vend.-dim. 12h-15h - 2 €)*.

Karítsaína ★ (Καρύταινα)

À 30 km à l'est d'Andritsena.
B2 Les maisons s'étagent le long d'étroites venelles, grimpant entre les ruines du château de Geoffroy de Briel (13e s.) et les vertigineuses **gorges de l'Alfios★★**, rivière mythique et plus long fleuve du Péloponnèse.
Un **pont★**, bâti au 13e s., donne accès à la route vers Mégalopoli.

Stemnítsa★ (Στεμνίτσα)

C2 *À 20 km au nord-est de Karitena.*
Portant un nom d'origine slave signifiant « forêt », Stemnitsa est un ancien centre métallurgique important. De cette période faste témoignent ses grosses maisons de pierre d'une élévation peu commune, bien rénovées, qui lui confèrent un air coquet. Non loin du centre, l'**église des Trois-Hiérarques** *(Trión Ierarchón)* est l'une des plus intéressantes églises médiévales de la ville.

Gorges du Loussios ★★ (Φαράγγι του Λούσιου)

B2 La petite rivière Loussios (ou Lousios) a creusé un impressionnant canyon de 15 km de longueur et 2 km de largeur avant de se jeter dans l'Alphée. Le village de **Stemnitsa** est le point de départ de magnifiques randonnées dans ce décor sauvage, notamment pour atteindre le **monastère Timios Prodromos**, suspendu au-dessus des gorges.

Dimitsána★ (Δημητσάνα)

B2 *À 10 km au nord-ouest de Stemnitsa.*
Établi dans un site impressionnant formé par deux collines se faisant face

Des chantiers de quarante jours

L'Élide fut longtemps réputée pour ses bâtisseurs, les **pelekani**. Les Ottomans n'autorisaient l'édification de nouvelles églises qu'à certaines conditions : pas de grand bâtiment, pas de cloche qui sonne et une durée de chantier limitée. On raconte qu'au début du 19e s., la plupart des églises du village de Langadia furent ainsi élevées en quarante jours, pas un de plus.

ollirg/Getty Images Plus

Église dans les gorges du Loussios.

à 1000 m d'altitude, ce gros bourg de montagne connut son âge d'or au 18e s. lorsqu'y fleurissaient les fabriques de poudre à canon.
De cette prospérité, Dimitsana conserve et rénove ses maisons patriciennes, bâtisses cossues ornées de balcons en fer forgé. Perdez-vous dans ses pittoresques ruelles pavées, en admirant les toits rouges qui, en contrebas, dessinent une mer de tuiles rondes.

Langadia ★ (Lagkádia - Λαγκάδια)

B2 *À 18 km au nord de Dimitsana* (via *Karkalou).*
Le village, accroché au flanc d'une vallée, est réputé pour ses églises, ses maisons traditionnelles en pierre et à balcon de bois, et par la richesse de son artisanat. Vous pourrez acquérir ici une canne, un tapis de laine coloré ou des nappes brodées, et goûter au meilleur de la gastronomie d'Arcadie.

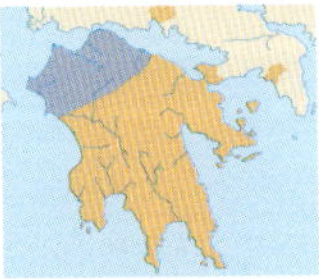

Côte nord du Péloponnèse

Agricole jusqu'à Patra, puis très urbanisée, la côte nord du Péloponnèse, avec sa succession de localités balnéaires et sa circulation chaotique, ne laisse à vrai dire pas un souvenir impérissable. Le charme de la région est à chercher dans l'arrière-pays, avec ses oliveraies et ses vignobles ondulant sur les contreforts des montagnes. En chemin, vous vous arrêterez pour jouir du panorama sur les îles Ioniennes depuis le château franc de Hlemoutsi, le plus grand de la péninsule, profiter de l'animation du port et des places de Patra, et pour découvrir les gorges du Vouraïkos à bord d'un petit train à crémaillère plus que centenaire.

▶**Accès :** en bus, d'Athènes à Patras *(www.ktelachaias.gr - ttes les 45mn - 4h)*. Liaison en bateau avec les ports italiens *(Superfast Ferries – 12 r. Othonos Amalias - ✆ 261 06 22 500 - www.superfast.com)*.

Carte détachable du Péloponnèse ABC1-2.

▶**Conseil :** pour apprécier au mieux le pont Rio-Antirio, visitez-le tôt le matin avant l'apparition des brumes de chaleur.

D'Olympie à Pátra

AB2 En quittant Olympie, prenez la direction de Pyrgos *(15mn)* où rien de très intéressant ne vous arrêtera, et en quinze minutes de plus, vous atteindrez la mer Ionienne et ses côtes propices à la baignade.

Première plage en vue : celle de **Katakolo** (ou Katakolon). Le port coloré accueille les navires de croisière dont les passagers se rendent à Olympie pour quelques heures. Gare aux convois d'autocars ! Consultez le site www.katakolon.org, rubrique *« cruises »* pour connaître les heures d'arrivée et de départ des paquebots !

Poursuivez en traversant la longue plaine agricole qui s'ouvre devant vous, et sortez à Gastouni pour rejoindre le village côtier de **Loutra Killinis** *(43 km au nord-ouest de Pyrgos)*. Une somptueuse plage de sable fin vous y attend, la bien nommée **Golden Beach★★**, qui s'étire sur des kilomètres à l'ombre d'une épaisse pinède.

Des bâtiments vides rappellent que le site accueillit une station thermale aux temps des colonels.

Château de Hlemoutsi ★

(Κάστρο Χλεμούτσι)

A2 *R. Chlemoutsi - sur les hauteurs du village de Kastro (sur la rte entre Loutra Kilinis et Kilinis) - ✆ 226 10 95 033 - tlj sf mar. 8h30-15h30 - 4 €.*

Perché sur une colline dominant la mer, le village de **Kastro★** serre ses maisons à l'ombre de la citadelle franque la

Iurii Buriak/Getty Images Plus

Château de Hlemoutsi.

mieux préservée du Péloponnèse. Située à 226 m d'altitude, celle-ci impressionne avec ses murailles blondes découpant une couronne crénelée sur le ciel. Bâti entre 1220 et 1223 par le prince de Morée **Geoffroy Ier de Villehardouin**, le « château de Clermont » passa de main en main au fil des siècles, jusqu'à son abandon au début du 19e s. Cette vaste forteresse – appelée aussi Chlemoutsi ou Chloumoutzi – fait l'objet d'importants travaux de restauration depuis 2011.

Vous y accéderez par une **porte monumentale** remodelée par les Ottomans au 16e s. Le château conserve toutefois son architecture médiévale française à laquelle se mêlent des éléments empruntés aux croisés de Terre sainte. La **première enceinte** délimite une vaste « basse-cour ». Il n'en subsiste que quelques cheminées ainsi que des murs arasés, dont ceux d'une mosquée identifiable grâce à son mihrab. Un surplomb au-dessus du rempart ouest offre un large **point de vue★★** sur les îles Ioniennes. De gauche à droite : Zante, Céphalonie, Ithaque (deux collines escarpées) et Leucade.

Vous pénétrerez ensuite dans le **donjon** par un porche voûté d'une étonnante ampleur. À gauche, il dessert une chapelle à deux étages, tandis qu'à droite, s'ouvre une galerie voûtée longue de 70 m.

En traversant la cour intérieure, on

rejoint un logis seigneurial dont la grande salle voûtée a gardé ses élégantes fenêtres et sa cheminée. Ces trois espaces restaurés abritent aujourd'hui l'unique **musée** de Grèce consacré à la Morée franque (1205-1432). Il regroupe notamment des pierres sculptées d'armoiries, des pièces de vaisselle et des fragments de mosaïques et de fresques provenant du château et d'autres édifices francs de la région.

Pátra

(Πάτρα)

12 r. Ag. Andreou - ☎ 261 04 61 740 - www.patrasinfo.com/en/.

B1 Nœud routier et important port relié à l'Italie, la troisième ville de Grèce – après Athènes et Thessalonique – réunit tout ce que certains fuient d'ordinaire en vacances : la foule, le bruit, la chaleur et les embouteillages. Si vous devez passer quelques heures dans cette ville universitaire en attendant un bateau, le **kastro**, dans les hauteurs, offre un peu de verdure et de fraîcheur. Mais le mieux est de siroter un verre à l'ombre des palmiers de la grande **place Trion Simarkon** (« des trois alliés »), envahie de terrasses de cafés (entre le port et la gare). Alentour, les curieux découvriront des maisons néoclassiques préservées.

Musée archéologique (Αρχαιολογικό Μουσείο Πάτρας)

38-40 Nea Ethniki Odos Patron-Athina - ☎ 261 36 16 100 - www.ampatron.gr - 8h-20h - 6 € (-25 ans gratuit).

Légèrement excentré en banlieue, il se reconnaît à son architecture futuriste, avec un dôme en titanium. Ses collections comprennent quelque 1300 pièces retraçant l'histoire de la région et de la ville, de la préhistoire à la fin de l'époque romaine, quand Patra devint un port stratégique de l'Empire. La visite illustre la vie privée et la vie publique avec la reconstitution de deux habitations et les cimetières avec une chambre funéraire. Les enfants apprécieront aussi la visite virtuelle dans la salle multimédia.

Pont Rio-Antirio

(Γέφυρα Ρίου-Αντιρρίου)

B1 *☎ 263 40 39 010 - www.gefyra.gr - péage 3,70 € aller simple (véhicule de tourisme).*

Avec ses majestueux haubans qui fendent le détroit et son tracé légèrement courbé, cet ouvrage d'art attire tous les regards. Le troisième plus long pont de ce type dans le monde (2252 m de portée contre 2460 m pour celui de Millau et 2540 m pour celui de Jia-Shao en Chine) est de conception française. Surplombant les eaux de 150 m, les impressionnants piliers s'enfoncent également jusqu'à plus de 60 m sous le niveau de la mer. Mais la plus grande prouesse technique de l'ouvrage reste sa résistance aux vents et, surtout, aux séismes (jusqu'à 7,5 sur l'échelle de Richter), et ce grâce à des amortisseurs géants (4 par pilier). Une salle d'exposition a été aménagée à proximité du péage, côté Antirio.

Gorges du Vouraïkós ★★

(Φαράγγι Βουραϊκού)

C1 Il est plus facile d'atteindre le monastère Méga Spileo et la grotte de Kastria en voiture *(comptez 1h15 aller)*.

Jana_Janina/Getty Images Plus

Pont Rio-Antirio à Patra, conçu par l'architecte Berdj Mikaëlian.

Mais le trajet en train à crémaillère est plus spectaculaire.

Attention, le train ne va pas jusqu'au monastère Méga Spileo ; comptez 1h30 de marche en plus.

Train à crémaillère

Dép. r. Anapafseos, dans le centre de Diakofto, à côté de la gare ferroviaire - ✆ 269 10 43 206 - www.odontotos.com - 11,10 € aller simple, 19,50 € AR - 3/j : dép. 9h52, 12h57 et 15h07 ; dernier retour de Kalavrita (terminus) : 16h45.

Arrivez en avance pour avoir une place assise. Si vous ne visitez que le monastère, prenez seulement un billet pour Zahlorou/Méga Spileo.

Le petit **odondoto** (« avec des dents ») fut créé par des ingénieurs français en 1896. À voie étroite (75 mm), il met 1h05 pour parcourir les 22 km séparant Diakofto de Kalavrita, franchissant les vertigineuses gorges du Vouraïkos. Le train, le plus souvent une rame diesel-électrique, longe des prairies et emprunte des pentes jusqu'à 17,5 % d'inclinaison. Il file sur 55 ponts étroits, enjambe des à-pics sans fond ou disparaît dans 6 tunnels lilliputiens. Au bout de 40mn d'émotions, il fait halte *(10mn)* au village de **Zahlorou**.

Monastère Méga Spileo ★

Anc. rte Pountas-Kalavriton (env. 1h30 à pied de Zahlorou) - de 8h au coucher du soleil - fermé 13h-14h (12h-13h en hiver) - gratuit - tenue correcte exigée.

Installé au pied d'une falaise de 120 m de hauteur, ce monastère dédié à la Dormition de la Vierge semble suspendu au-dessus des gorges du Vouraïkos. Plusieurs fois détruit (la dernière en 1943) et reconstruit, Méga Spileo (« la grande grotte ») est composé d'un curieux assemblage de bâtiments en pierre ou en béton. À l'intérieur, on découvre d'abord la **grotte** où aurait été trouvée au 4e s. une icône miraculeuse de la Vierge. On rejoint ensuite, dans les étages, un petit **musée** (manuscrits enluminés, icônes), dominé par l'**église** (17e s.). Celle-ci abrite des **fresques★** du 17e s. ainsi que la fameuse **icône** attribuée à l'évangéliste saint Luc.

Kalavrita

Terminus du train, la bourgade attire les skieurs en hiver. L'**horloge de l'église**, arrêtée à 14h34, rappelle l'heure à laquelle les soldats allemands fusillèrent les hommes de Kalavrita, le 13 décembre 1943, avant d'incendier le village. Dans le **mémorial**, une pierre énumère les noms des 1436 martyrs.
De la place centrale, des taxis peuvent vous conduire au monastère Agia Lavra ou à la grotte de Kastria.

siete_vidas/Getty Images Plus

Le train à crémaillère dans les gorges du Vouraïkós.

Monastère Agia Lavra

Rte Kalavrita-Monastère Agia Lavra (6 km au sud-ouest de Kalavrita) - www.agialavra.gr - 8h-13h, 16h-17h; en hiver: 10h-13h, 15h-16h - gratuit - tenue correcte exigée.
De cette imposante bâtisse de pierres blondes fondée en 961, peu d'éléments d'époque subsistent depuis son incendie en 1943. Mais c'est l'un des sites les plus vénérés du pays: selon la tradition, la **guerre d'Indépendance** aurait été lancée ici, le 25 mars 1821.

Grotte de Kastria ★★

Rte Kalavrita-Filia (14 km au sud de Kalavrita) - ✆ 269 20 31 001 - www.kastriacave.gr - 9h-16h30 (juil.-août 17h30, et 18h30 le sam.) - 9 € (-18 ans 4,50 €).
Ce labyrinthe de 2 km de long cache 13 **lacs souterrains** dont l'eau bleu-vert reflète un impressionnant décor.

Delphes★★★

(Delfoí - Δελφοί)

Après la découverte du Péloponnèse, un passage par Delphes, près du golfe de Corinthe côté Attique, s'impose s'il vous reste du temps. Le sanctuaire d'Apollon, inscrit au Patrimoine mondial de l'Unesco depuis 1987, laisse un souvenir impérissable, tant par la richesse de ses vestiges, que par l'incomparable beauté de son site, au flanc d'une montagne rocailleuse que domine le légendaire mont Parnasse. Rançon de sa gloire, Delphes figure parmi les sites les plus visités de Grèce. Rien de bien nouveau, en réalité : dans l'Antiquité déjà, les pèlerins venaient par milliers rendre hommage à Apollon et entendre les oracles de sa Pythie en transe.

▶**Accès :** en bus à partir d'Athènes *(gare routière de Liosion - www.ktel-fokidas.gr - jusqu'à 4 dép./j - durée 3h - 15,10 €).*

Carte détachable du Péloponnèse C1.

▶**Conseil :** dormez à Delphes ou à Arahova pour commencer les visites le plus tôt possible. Chaussez-vous bien, car le site est pentu ; prévoyez un chapeau pour vous protéger du soleil.

SANCTUAIRE D'APOLLON ★★★

À 20mn à pied du centre de Delphes - ✆ 226 50 82 313 - whc.unesco.org/fr/list/393/ ; delphi.culture.gr - 8h-20h (15h30 nov.-mars) - billet combiné sites et musée : 12 € ; panneaux en français.

Le vaste champ de ruines fut le plus important lieu saint de la Grèce antique. La concentration de monuments y est sans égale.

Agora romaine

La place marchande (4e s.) constituait la principale des neuf entrées du sanctuaire. De ses galeries, elle ne conserve que le **portique nord**, qui abritait cinq **boutiques**.

Voie sacrée

Le chemin pavé mène au temple d'Apollon. Aménagé à partir du 7e s. av. J.-C., il était emprunté par la

Delphes, « nombril » du monde

Selon la mythologie grecque, deux aigles dépêchés par Zeus depuis les bords du disque terrestre se seraient rejoints au-dessus de Delphes. Ainsi aurait été désigné l'Omphalos (« ombilic » ou « nombril »), le centre spirituel du monde. Celui-ci a été représenté de nombreuses fois, généralement par une pierre en forme d'ogive ou d'œuf. Il prit sa place définitive dans le temple au 7e s. av. J.-C.

a_Taiga/Getty Images Plus

Le temple d'Apollon à Delphes.

majorité des pèlerins qui effectuaient plusieurs étapes rituelles lors de la montée. Le début de la Voie Sacrée est bordé par les vestiges de **monuments votifs** élevés par les cités en remerciement de succès militaires. Parmi eux, les **hémicycles d'Argos**, se répondant par leur forme, sont les plus évocateurs : ils célèbrent deux victoires contre Sparte, aux 5e et 4e s. av. J.-C. De part et d'autre du premier virage, une vingtaine de cités et colonies grecques ont érigé leur **« maison du trésor »**, qui abritait les *ex-voto* les plus précieux de chaque ville. Le **trésor des Athéniens★** est le seul à avoir pu être remonté par les archéologues.

Il jouxte le **bouleutérion** (siège des administrateurs du sanctuaire) et domine une copie de l'**Omphalos★**, symbole du centre du monde.

On pénètre ensuite dans l'**espace sacré primitif**, attaché aux rituels entourant le meurtre du serpent Python. De ce champ de ruines indécises émerge la base de la **colonne des Naxiens** (vers 575 av. J.-C.) ; elle supportait le sphynx exposé au musée.

Le **mur polygonal★★** de soutènement, érigé au 6e s. av. J.-C., fixe la frontière entre l'espace sacré primitif et la terrasse du temple d'Apollon. Il est devancé par le **portique des Athéniens** (5e s. av. J.-C.).

Terrasse du temple d'Apollon

Vous voici au cœur du sanctuaire. Le **carrefour des Trépieds** accueillait les offrandes les plus monumentales, en forme de trépied, symbole de la Pythie. Il n'en reste presque rien, hormis la réplique en bronze de la **colonne serpentine** qui supportait le trépied des Platées (5e s. av. J.-C. ; original à Istanbul).
Sur le **parvis du temple**, apparaissent la base du **grand autel d'Apollon** *(à gauche)*, où les pèlerins devaient offrir un animal en sacrifice avant de pénétrer dans le temple, et le **pilier de Prusias** *(à droite)*.

Temple d'Apollon ★★

Pendant des siècles, ce fut le « centre du monde » et l'antre de la Pythie. Aujourd'hui, ses six dernières **colonnes doriques** se dressent timidement. Elles furent relevées en 1940, mais une seule est complète. Le bâtiment actuel, ou ce qu'il en reste, est le quatrième temple dédié à Apollon bâti ici depuis le 7e s. av. J.-C. Les précédents furent détruits par le feu et des glissements de terrain. Le bâtiment actuel fut achevé en 330 av. J.-C., après un long chantier interrompu lors de l'invasion de Delphes par les Macédoniens (346 av. J.-C.). Il mesurait 60,30 m de long sur 23,80 m de large, avec 6 colonnes en façade et 15 sur les côtés. L'intérieur abritait l'oracle d'Apollon, mais aussi la pierre sacrée de l'**Omphalos**. Des ornementations ont subsisté quelques éléments, dont une statue de Dionysos exposée au musée. Le dieu du Vin occupait ici une place importante. Selon la tradition, les mois d'hiver, Apollon se reposait, et Dionysos prenait alors le relais.
De nos jours, les ruines du temple n'évoquent en rien l'émotion que devaient ressentir les pèlerins. Mais on ne se lasse pas du **panorama**★★★, grandiose, sur la vallée du Pleistos et les cimes du Kirfis.

Quartier du théâtre

Le chemin aménagé à la suite de la Voie Sacrée conduit au pied du théâtre en longeant le temple et l'**Ischegaon**, dont le nom signifie « qui retient la terre ». Bien préservé, le **théâtre**★★ est contemporain du temple d'Apollon. Il fut remanié au 2e s. apr. J.-C. par les Romains pour accueillir jusqu'à 5000 spectateurs. Lors des fêtes

Les transes de la Pythie

Choisie par les prêtres de Delphes, la Pythie se tenait dans l'adyton (« le lieu où l'on ne peut entrer ») du temple. Cachée aux yeux des pèlerins qui venaient la consulter, elle s'asseyait sur un trépied au-dessus d'une faille d'où provenait le pneuma, le souffle prophétique d'Apollon – sans doute un gaz toxique sortant de la terre. Elle entrait alors en transe et prononçait ses oracles interprétés par des prêtres qui transmettaient la réponse par écrit à celui qui avait posé la question.

religieuses, on y jouait le drame sacré opposant Apollon à Python. Le lieu accueillait aussi les épreuves musicales des Jeux pythiques. À l'époque hellénistique s'y ajoutèrent tragédies et comédies. Le sentier qui monte à l'ouest mène juste au-dessus des gradins et permet de profiter de la plus belle **vue** de l'ensemble du site et de la vallée du Pleistos.

Stade ★

Accès depuis le théâtre par un sentier en pente de 400 m de longueur (env. 10mn).

Construit à partir du 5e av. J.-C. pour accueillir les épreuves athlétiques des Jeux pythiques, il compte parmi les stades antiques les mieux préservés de Grèce. Son emplacement au pied des **Phériades** en fait tout le charme. Pour en avoir un bon aperçu, il faut suivre le sentier parallèle à la piste jusqu'au promontoire dominant la ligne d'arrivée. La **tribune nord**, taillée dans la roche au 2e s. av. J.-C., s'étire sur toute la longueur de la piste. En face fut aménagée la petite **tribune sud**. La capacité fut alors portée à 6 500 spectateurs. À l'extrémité orientale, au loin, on aperçoit les vestiges de l'**entrée monumentale** des athlètes. À ses pieds, se trouve l'**aphésis** (ligne de départ) matérialisée par des plaques de marbre incisées pour servir de « starting-blocks ».

Musée archéologique ★★★

✆ 226 50 82 312 - avr.-oct. : 8h-20h, lun. 10h-17h ; reste de l'année : 9h-16h - entrée comprise dans le billet combiné - explications en français.

C'est le plus riche musée archéologique du pays après celui d'Athènes. Il abrite les plus belles découvertes faites à Delphes.

Origines du sanctuaire d'Apollon

Période primitive – *Salles 1-2.* Mille ans avant l'établissement du culte d'Apollon, Delphes reçoit des offrandes de toute la Grèce et de l'Orient. Une terre cuite de divinité mycénienne installée sur sa **chaise à trois pieds** préfigure le trépied qui s'imposera comme symbole de la Pythie.

Début de la période archaïque – *Salle 3.* Hauts de près de 2 m, les musculeux **kouroï d'Argos**★★ sont les plus anciennes offrandes monumentales de Delphes (déb. du 6e s. av. J.-C.).

Les Jeux pythiques

Environ 150 ans après Olympie, au 7e s. av. J.-C., Delphes organisa pour la première fois ses propres Jeux panhelléniques. En souvenir de son combat contre Python, Apollon fut d'abord honoré tous les 8 ans sous la forme d'un concours musical d'hymnes. Puis, en 582 av. J.-C., les Jeux pythiques (ou delphiques) prirent leur forme définitive : se tenant tous les 4 ans, ils comprenaient des concours musicaux (au théâtre), des épreuves athlétiques (au stade) et des courses de chars. Sans autre récompense qu'une couronne de laurier, ils attiraient les meilleurs musiciens et sportifs du monde grec. Comme ceux d'Olympie, ils prirent fin en 393.

Chefs-d'œuvre de la période archaïque

Fosses votives de l'Aire – *Salle 4.* Les objets antiques en or, argent ou ivoire sont rares car ils furent le plus souvent pillés, détruits ou fondus. Ceux exposés ici font donc figure d'exception. À gauche, la **trilogie apollonienne**, constituée de statues chryséléphantines (« or et ivoire »). Au fond, le **taureau de Corfou★** est un assemblage de feuilles d'argent et d'or, finement martelées.

Trésor de Sifnos – *Salle 5.* Au 6e s. av. J.-C., la cité de Naxos installa ce colossal **sphinx ailé★★** de 2,20 m de hauteur au sommet d'une colonne atteignant déjà 10 m. Quant à Sifnos, elle décora son trésor de **frises★** considérées comme l'aboutissement du style ionique.

Décors sculptés

Temple d'Apollon – *Salle 6.* Il fut détruit au 4e s., mais des éléments de son décor ont été retrouvés. Du temple archaïque (v. 500 av. J.-C) subsistent une étonnante **Niké** (« Victoire ») genoux à terre et les huit statues du fronton oriental. Les vestiges du temple classique (v. 330 av. J.-C) sont plus nombreux, tels le **Dionysos** du fronton ouest ou la **frise des dieux**.

Trésor des Athéniens – *Salles 7-8.* Le décor sculpté de ce petit « temple » est remarquable. En particulier les 27 **métopes★** illustrant le combat des Grecs contres les Amazones, ainsi que les exploits du héros Thésée et du demi-dieu d'Héraclès. Ne manquez pas l'inscription dite des **Hymnes de Delphes**, plus ancienne notation de mélodie du monde grec.

Sanctuaire d'Athéna Pronaia – *Salles 9-10.* Parmi les fragments du décor du **trésor de Marseille** (v. 510 av. J.-C.), se détache un **guerrier** de profil.

Statues et sculptures

Périodes classique et hellénistique – *Salle 11.* Les **Danseuses de Delphes★★** (4e s. av. J.-C.) ornaient la « colonne aux acanthes » offerte par les Athéniens. À côté, une belle version non datée de l'**Omphalos★**.

Périodes hellénistique et romaine – *Salle 12.* Superbe **nu d'Antinoüs★** (2e s. apr. J.-C.), favori de l'empereur Hadrien qui fut divinisé après sa mort.

R. Mattes/hemis.fr

Frise du trésor de Sifnos au Musée archéologique.

Aurige de Delphes ★★★

La salle 13 est uniquement dédiée à cette extraordinaire statue de bronze de la fin de l'époque archaïque (478 av. J.-C.), chef-d'œuvre de l'histoire de l'art. Découvert en 1896 le long de l'Ischegaon, il représente grandeur nature (1,80 m) le conducteur de char (en latin, *auriga*) qui remporta la course des quadriges aux Jeux olympiques de 473 av. J.-C. Il fut offert au sanctuaire d'Apollon par Polyzalos, le tyran de Gela (Sicile). Les quatre chevaux dont l'aurige tient encore les rênes ont disparu, ainsi que la statue de Polyzalos, qui se tenait sans doute à droite de l'aurige. Ceinte du bandeau de la victoire, sa tête est remarquablement conservée, en particulier les yeux, dont l'émail blanc se détache sur le bronze. Notez aussi la finesse des traits, de la chevelure et des drapés.
Enfin la salle 14 est consacrée à la fin du sanctuaire d'Apollon.

SANCTUAIRE D'ATHÉNA PRONAIA ★

(Ieró tis Athinás Pronaías - Ιερό της Αθηνάς Προναίας)

À 350 m à l'est de l'entrée du site archéologique - mêmes billet et horaires que le sanctuaire d'Apollon.
Le petit sanctuaire fut dédié à Gaïa à l'époque mycénienne, puis à Athéna après 650 av. J.-C. Comme les pèlerins en route vers la Pythie passaient d'abord par ici, le sanctuaire prit l'épithète de *pronaia* (« avant le temple »), et Athéna devint ainsi la gardienne du sanctuaire d'Apollon.
En entrant par l'ouest du sanctuaire, on voit, à gauche, les fondations du **temple d'Athéna** (360-370 av. J.-C.). L'édifice le plus « parlant » est la **tholos★**. Trois des 20 colonnes doriques de cette rotonde ont été reconstituées et redressées. Construit vers 360-390 av. J.-C., le temple était probablement dédié à Gaïa. À côté se trouvent les ruines des deux seuls trésors de Delphes érigés hors du sanctuaire d'Apollon. Le plus proche de la tholos est le **trésor de Marseille** (v. 510 av. J.-C.).

Tholos du sanctuaire d'Athéna Pronaia, à Delphes.

ΕΣΤΙΑΤΟΡΙΟΝ RESTAURANT
ΜΑΤΟΥΛΑ
AMSTEL

NOS ADRESSES

Le restaurant Matoula, à Monemvassia.
K. Wothe/Look/age fotostock

Se restaurer

À Athènes et dans les grandes villes, vendeurs de *gyros* et chaînes de fast-food grecques proposent des formules à moins de 5 €. Pour plus de qualité, optez pour le restaurant ou la taverne et leurs plats traditionnels : l'ouzerie *(mezedopolio)* pour des *mezzés* à picorer, ou la rôtisserie *(psistaria)* et ses *souvlakia* (brochettes) ou autres viandes grillées. Les boulangeries produisent du bon pain et des *tyropita* (feuilletés au fromage) à emporter. Dans les villages, il y a toujours une taverne où déguster de bons plats simples.

Repérez les adresses sur nos plans grâce aux pastilles numérotées (ex. 1). Les coordonnées en rouge (ex. D2) font référence au plan détachable d'Athènes et à la carte du Péloponnèse.

ATHÈNES

Plaka

Plan p. 16-17.

Moins de 16 €

10 **O Glikis** – **E6** - *2 r. Angelou-Geronta - ✆ 210 32 23 925 - 10h-0h - env. 15 €.* Aucun panneau n'indique ce havre de paix caché dans une ruelle aux alentours de la place Filomousou. Idéal pour des *mezze* sous la vigne.

14 **Platanos** – **D6** - *4 r. Diogenous - ✆ 210 32 20 666 - 12h-0h (17h dim.) - env. 15 €.* Près de la tour des Vents, une charmante place bordée de platanes accueille sa terrasse, une institution depuis 1932. Taverne réputée pour son vin résiné.

16 **Scholarhio** – **D6** - *14 r. Tripodon - ✆ 210 32 47 605 - www.scholarhio.gr - 11h30-0h30 - menu 15 €.* Sous une pergola, sur le balcon ou dans une salle aux photos jaunies, on apporte sur un plateau un large assortiment de mezzés qu'il n'y a plus qu'à choisir.

19 **To Kafenio** – **D6** - *1 r. Epiharmou - ✆ 210 32 46 916 - 10h-1h - env. 15 €.* Tables dressées le long d'une ruelle tranquille ou dans la salle au décor traditionnel. Belle carte de spécialités grecques dont le *kavourmas*, savoureux mélange de bœuf, porc, feta et épices, mijoté au four. Selon la tradition, il s'agirait du plat favori de l'antique armée macédonienne (et donc d'Alexandre le Grand...). Lieu réputé également pour la qualité de ses vins.

21 **Yiasemi** – **D6** - *23 r. Mnisikleous - ✆ 213 04 17 937 - 10h-2h - env. 15 €.* Tables et chaises sont disposées sur les marches d'une ruelle en escalier très animée. Ce rendez-vous de la jeunesse athénienne propose mezzés, salades et gâteaux à déguster en écoutant de la « musique du monde ».

De 16 à 30 €

4 **Spilia tis Akropoleos** – **D6** - *24 r. Thrassilou - angle r. Epimenidi - ✆ 210 32 48 593 - www.spilia-akropolis.gr - 10h-0h - env. 20 €.* Terrasse fleurie où dîner aux chandelles en contemplant l'Acropole

titoslack/Getty Images Plus

Le restaurant Yiasemi, dans le quartier de Plaka, à Athènes.

sur fond musical discret. Goûtez les aubergines grillées à la feta.

7 **Kuzina** – **C5** - *9 r. Adrianou - ✆ 210 32 40 133 - www.kuzina.gr - 20 € (menu midi), carte 25/40 €.* À la limite de Thissio, la cuisine grecque revisitée du chef Aris Tsanaklidis lui vaut, dans le quartier, une solide réputation. Galerie d'art à l'étage et terrasse sur le toit avec vue sur l'Acropole. Réserv. recommandée.

Monastiraki

Plan **p. 16-17**.

Moins de 16 €

2 **Kostas** – **D5** - *2 pl. Ag. Irinis - ✆ 210 32 32 971 - 10h-18h - fermé w.-end - souvlaki 2,50 €.* Une adresse mythique de Monastiraki, où l'on peut déguster l'un des meilleurs *souvlaki* de la ville depuis 1946. Brochettes ou gyros à emporter, sur la jolie place Irini.

13 **Paradosiako** – **D5** - *59 r. Kolokotroni - ✆ 210 32 31 700 - 13h-0h - env. 15 €.* Adresse prisée des Athéniens, cette taverne familiale et sans façon dresse ses tables en salle et sur le trottoir, pour y déguster une bonne cuisine grecque traditionnelle dont d'excellentes grillades.

De 16 à 30 €

6 **Kafé Avissinia** – **D5** - *Pl. Avissinias - ✆ 210 32 17 047 - (cartes de crédit refusées) - tlj jusqu'à 1h du matin sf lun. et dim. soir - env. 25 €.* Au cœur du marché aux puces, en rez-de-chaussée ou au 1er étage dans une jolie salle avec vue sur l'Acropole, cet

estiatorio rappelle un bistrot parisien. Pourtant, sa cuisine est typiquement grecque et particulièrement raffinée : tarama blanc, fava de Santorin, moussaka... Une bonne adresse où, hors saison, se produisent des chanteurs de rebetiko (vend. soir et sam. apr.-midi).

Psiri

Moins de 16 €

17 **Taverna tou Psiri** – **D4** - *12 r. Eschylou - ✆ 210 32 14 923 - 12h-2h - env. 15 €.* La Taverne de Psiri est la plus ancienne du quartier. Décorée de vieilles enseignes, elle propose un bon choix de viandes rôties. Très bon marché pour le quartier.

Quartier du Marché

Moins de 16 €

18 **The Black Duck Garden** – **E4** - *5 r. Paparrigopoulou - ✆ 210 32 52 396 - blackduck.gr - 10h-2h du matin - env. 15 €.* Dans les jardins du musée de la Ville, une cuisine de bistro simple et des brunchs servis dans le cadre élégant de l'ancienne résidence du roi Othon 1er.

Exarhia

Moins de 16 €

3 **To Karamanlidika tou Fani** – **D4** - *1 r. Sokratous - ✆ 210 32 54 184 - karamanlidika.gr - tlj sf dim. 12h-23h - env. 15 €.* À deux pas du marché central, cette charcuterie traditionnelle fait également office de *mezedopoleio*. Vous y goûterez, dans un décor charmant, de délicieuses spécialités d'Asie mineure et un *pastourma*, qui fait la réputation des lieux.

Autour de la place Syntagma

Plan p. 16-17.

Moins de 16 €

20 **Wild in the City** – **E5** - *7 r. Voulis - ✆ 210 33 15 776 - lun.-sam. 9h-20h - env. 15 €.* Situé à l'entrée du petit passage (*stoa*) Bolani, cet établissement innove avec un régime spécial, sans sucre ni gluten au menu. Reste une carte végétarienne très inventive et gourmande (très bonne mousse au chocolat maison notamment).

Plus de 30 €

9 **Nolan** – **E5** - *31 r. Voulis - ✆ 210 32 43 545 - www.nolanverse.com - tlj sf dim. 13h-17h30 et 19h-23h30 - env. 35/40 €.* Sotiris Kontizas, jeune chef aux origines grecques et japonaises, a baptisé son resto du nom de son réalisateur préféré. Il propose une cuisine contemporaine soignée aux influences internationales.

Kolonaki et Lycabette

Moins de 16 €

5 **Café Dexameni** – **F4** - *Pl. Dexameni - ✆ 210 72 24 609 - 10h-1h - env. 15 €.* Sous les arbres de la place Dexameni, ce café se présente comme une oasis au cœur de la ville. On y vient pour partager quelques *mezze*, dont une très bonne *fava* aux anchois marinés ou un *dakos* réussi. Bon marché, frais et délicieux.

15 **Restaurant du musée Benaki** – **F5** - *1 r. Koumbari - ✆ 210 36 71 000 - lun., merc. et vend.-sam. 10h-18h, jeu. 10h-0h, dim. 10h-16h - env. 15 €.* Une agréable terrasse ombragée où

manger une salade ou un plat grec en contemplant le Jardin national, avec la bonne société de Kolonaki. Pour venir déjeuner ici, pas besoin de payer l'entrée au musée.

De 16 à 30 €

8 **Nice n Easy** – **F4** - *60 r. Omirou - ✆ 210 36 17 201 - www.niceneasy.gr - 9h-1h30 du matin - env. 20 €.* Marlon Brando, Nikos Kazantzakis... Même si elle s'amuse à donner à ses plats et cocktails des noms de célébrités, cette nouvelle petite chaîne joue agréablement la carte du bio et du locavore.

1 **Capanna** – **G4** - *38 r. Ploutarhou - ✆ 210 72 41 777 - 13h-1h - env. 20 €.* Une trattoria branchée aux allures faussement *vintage* conçue par l'agence d'architectes athénienne en vogue K-Studios. Dans l'assiette, des pizzas et des pâtes fraîches.

11 **Chez Michel** – **F5** - *15 r. Irodotou - ✆ 215 55 10 090 - chezmichel.gr - 8h-2h - env. 20 €.* Reprenant les codes du bistrot parisien chic, *Chez Michel* est très apprécié des résidents de Kolonaki. On aime s'y retrouver pour le déjeuner et le café, ou pour l'apéritif. Les plats sont bons et frais, avec de grandes salades composées ou des options plus travaillées.

Koukaki

Moins de 16 €

12 **Tuk Tuk Thai** – **D8** - *40 r. Veikou - ✆ 211 40 51 947 - tuktukthaifood.net - tlj sf lun. 17h-23h30 - env. 10/15 €.* Une adresse typique de Koukaki et de sa jeunesse branchée, ouverte aux saveurs venues d'ailleurs. Ce tout petit restaurant offre une succulente cuisine thaïlandaise, dans un décor joyeux et coloré.

De 16 à 30 €

22 **Gargaretta** – **D7** - *1 r. Rovertou Galli - ✆ 210 92 28 713 - www.gargaretta.gr - en sem. : 17h-0h ; w.-end : 10h-0h - env. 20 €.* Cet agréable bistrot ne désemplit pas : on s'y installe sur des chaises hautes, accoudé au comptoir, ou en terrasse pour déguster des plats à partager, dont un succulent ragoût de bœuf. À accompagner d'un bon vin, marque de fabrique de la maison.

ÎLES SARONIQUES

Égine

Moins de 16 €

23 **Tsias** – **E2** - *47 r. Dimokratias - ✆ 229 70 23 529 - 9h-minuit - env. 15 €.* Un bon restaurant familial sur le port. Plats de viande copieux et du poisson frais à choisir en cuisine.

De 16 à 30 €

24 **Aeginitissa Psarotaverna** – **E2** - *Sur la plage du même nom - ✆ 229 70 61 546 - 12h-minuit - env. 15/20 €.* À côté de la plage de Perdika, au sud de l'île. Cette taverne, les pieds dans l'eau et véritable coup de cœur, cuisine d'excellents poissons frais à déguster sur la terrasse. Très bon marché, même si vous devez y aller en taxi !

Hydra

Moins de 16 €

25 **Xeri Elia** – **E3** - *Pl. principale, en remontant du port - ✆ 229 80*

J. Knott/age fotostock

Le restaurant Xeri Elia sur l'île d'Hydra.

52 886 - 11h-23h - 15/20 € -. Une cuisine simple et économique servie sur une superbe placette ombragée. Calamars grillés, vin maison, et parfois du rébétiko.

De 16 à 30 €

26 **Omilos** – **E3** - *Sur le port - ✆ 229 80 53 800 - www.omilos-hydra.com - 9h-minuit - 22/32 €*. John Lennon, les Rolling Stones, Maria Callas ont fréquenté dans les années 1960 ce club huppé, accroché aux rochers. Transformé en restaurant depuis, c'est l'un des rendez-vous gastronomiques de la ville. Cuisine créative.

CORINTHE

Ancienne Corinthe

Moins de 16 €

27 **Marinos** – **D2** - *Pl. centrale - ✆ 274 10 31 130 - www.marinos-restaurant.gr - 8h-23h - env. 15 €*. Cette adresse familiale sert une cuisine simple : moussaka, saucisses, beignets d'aubergine à la feta, etc. Vue sur la mer et terrasse sur le toit en été.

Loutraki

De 16 à 30 €

28 **Paolo Nikos** – **D2** - *19 prom. Poséidon - ✆ 274 40 22 440 -*

12h-1h - 25 €. Restaurant de poisson dont la grande salle s'ouvre sur le golfe de Corinthe.

MYCÈNES

Tout en longueur, le village de Mycènes abonde en auberges, cafés et restaurants. Le soir et hors saison, allez plutôt dîner dans l'un des restaurants de la place principale d'Argos.

Moins de 16 €

29 **La Belle Helene de Menelas** – **D2** - *Au centre du village, sur la gauche - ☏ 275 10 76 225 - 9h-minuit - env. 15 €.* Une adresse sans prétention où l'on savoure une cuisine simple et familiale, tout près du site antique.

ARGOLIDE

Nauplie

Plan **p. 48-49**

Moins de 16 €

30 **To Sokaki** – *8 r. Antistaseos - ☏ 275 20 26 032 - www.sokakicafe.gr - 9h-minuit -5/15 €.* Excellents petits-déjeuners complets, crêpes géantes pour dîner sur le pouce et, si vous avez encore faim, finissez par une énorme glace.

31 **Omorfo Tavernaki** – *1 r. Olgas - à l'angle de la r. Kotsonopoulou - ☏ 275 20 25 944 - www.omorfotavernaki.gr - 13h-minuit - fermé jeu. - 15 €.* Un peu à l'écart de la foule, ce petit restaurant à l'intérieur rustique propose de bonnes grillades, servies généreusement. Agréable terrasse disposée sur la petite rue.

32 **O Noulis** – *22 r. Moutsouridou - dans une ruelle à gauche au bout de la r. Papanikolaou - ☏ 275 20 25 541 - www.noulis-meze. gr - 13h-minuit - env. 15 €.* Une taverne tranquille et bien connue des Naupliotes où le plateau de dix *mezze* peut constituer à lui seul un repas. Une adresse sympathique.

33 **Taverne Vassilis** – *Au milieu de la r. Staïkopoulou - ☏ 275 20 25 334 - www. tavernvasilis.gr - 13h-minuit - env. 15 €.* Vous aurez le choix entre une longue rangée de tables en pleine rue piétonne ou une salle aux murs ocre, pour déguster une bonne cuisine grecque, comme ici, à prix doux.

Argos

Argos compte notamment deux petites tavernes sous la halle de la place Dimokatrias.
La place accueille aussi un important marché à ciel ouvert le mercredi et le samedi matin.

ÉPIDAURE

Archéa Epidavros

Moins de 16 €

34 **Posidon** – **D2** - *À côté du port, face à la mer - ☏ 275 30 41 211 - 10h-minuit - env. 15 €.* Terrasse irrésistible sur le quai, ombragée et face à la mer. Cuisine simple et généreuse. À l'arrière, l'établissement signalé par son laurier blanc arborescent dispose de chambres avec balcon, aux étages.

MONEMVASSIA

Gefyra

Moins de 16 €

35 **Haramis** – **D4** - *Rte du bord de mer - ✆ 273 20 61 010 - 9h-minuit - env. 15 €.* Un bistrot sans façon pour déguster une pita ou quelques *souvlakia* bon marché, à l'ombre d'un auvent en toile.

36 **Limanaki** – **D4** - *Sur le petit port - ✆ 273 20 61 619 - 13h-minuit - 15 €.* Une taverne traditionnelle où l'on choisit ses plats en cuisine. Les tables sont sur une terrasse, au bord de l'eau.

Kastro

De 16 à 30 €

37 **Matoula** – **D4** - *En contrebas de la rue principale - ✆ 273 20 61 660 - 13h-minuit - env. 20 €.* À l'ombre d'un figuier, face à la mer, et dans une bonne ambiance, on vous sert d'excellents plats cuisinés, dont un fromage cuit en cassolette (*saganaki*) et un délicieux agneau (*arnaki*) à la sauce citronnée.

38 **To Kanoni** – **D4** - *À droite de la route principale - ✆ 273 20 61 387 - tokanoni.com - 13h-minuit - 15/25 €.* La terrasse domine le dôme du musée. Bonne assiette de *pikilia* (*mezze*).

LE MAGNE

Githio

Moins de 16 €

39 **Saga Fish restaurant** – **C4** - *Gytheiou-Areopolis - Sur le front de mer - ✆ 273 30 21 358 - 13h-minuit - env. 15 €.* Une adresse incontournable à Githio, face à la mer, réputée pour la fraîcheur de ses poissons et sa délicieuse salade de poulpes.

Aréopoli

Moins de 16 €

40 **Barba Petros** – **C4** - *Dans la r. principale - ✆ 273 30 51 205 - 13h-minuit - env. 15 €.* Le meilleur établissement de la ville sert des plats traditionnels fort bien cuisinés, dans une courette fleurie. Le vin blanc est frais, et accompagné du sourire des patrons, très accueillants.

Kardamyli

Moins de 16 €

41 **Kiki** – **C3** - *Non loin de la pl., face à la mer - ✆ 272 10 73 148 - 13h-minuit - env. 15 €.* La taverne la plus traditionnelle de Kardamyli. Spécialités de plats en sauce que l'on déguste en regardant le coucher du soleil.

KALAMATA ET SES ENVIRONS

Kalamata

De 16 à 30 €

42 **Ksimeroma** – **C3** - *38 Areopolis-Kalamatas - ✆ 272 10 41 316 - 12h-1h - env. 20 €.* Petit restaurant un peu excentré, où on sert du poisson frais (tarif au poids), à l'ombre des oliviers.

Mystra

Moins de 16 €

43 **Chromata** – **C3** - *Pikoulianika (sur la route de Tripi, chemin à gauche*

milangonda/Getty Images Plus

Le restaurant To Kanoni, à Monemvassia.

à l'entrée du village) - *273 10 23 995* - - *13h-minuit* - *env. 15 €.* Au sommet d'une étroite route escarpée, cette petite adresse propose une cuisine grecque simple et savoureuse. Salle intérieure chauffée par un vieux poêle et superbe terrasse panoramique.

44 **Xenia** – **C3** - *À l'entrée du site* - *273 10 20 500* - *13h-minuit* - *env. 15 €.* Ce lieu, idéal pour boire un verre face à la plaine de Sparte, est apprécié des locaux qui s'y rendent en *parea* (groupe d'amis). Cuisine régionale et spécialités de pâtes.

Sparte

Moins de 16 €

45 **Diethnes** – **C3** - *105 r. K. Paléologou* - *273 10 28 636* - *13h-minuit* - *env. 15 €.* Un agréable restaurant tenu par une patronne souriante et dynamique : en saison, Dina vous proposera de vous attabler dans la vaste cour arborée, dissimulée à l'arrière. Excellent porc (fondant) aux aubergines.

46 **Elysée** – **C3** - *113 r. K. Paléologou* - *273 10 29 896* - *13h-minuit* - *env. 15 €.* Un petit restaurant dont la cuisine traditionnelle s'accompagne de quelques trouvailles, tel le « petit cochon aux aubergines » (en français sur le menu !) et un plaisant vin rosé local.

PÉNINSULE DE METHONI

Koroni

Moins de 16 €

47 **O Molos** – **B4** - *Sur la pl. au bout du village, proche de la forteresse - ☏ 272 50 22 211 - 13h-minuit - env. 15 €.* Excellents plats traditionnels cuisinés par la patronne.

Methoni

Moins de 16 €

48 **Klimataria** – **B4** - *Non loin de la citadelle, à 200 m de la mer - ☏ 272 30 31 544 - 12h-1h - env. 15 €.* On y déguste une cuisine traditionnelle et familiale, à des prix raisonnables. Belle terrasse ombragée à l'arrière.

Finikounda

Moins de 16 €

49 **Elena** – **B4** - *☏ 272 30 71 235 - 13h-minuit - env. 15 €.* Le meilleur établissement se trouve sur une place paisible, à l'extrémité de la ville, en bordure de la plage. Bons *gigantès* (gros haricots), salade d'aubergines et viandes savoureuses.

Pylos

De 16 à 30 €

50 **Gregorius** – **B3** - *Sur une petite place triangulaire, à droite de la pl. principale, en montant, lorsque l'on regarde la mer - ☏ 272 30 22 621 - 13h-minuit - env. 15 €.* Une taverne-jardin composée de plusieurs terrasses fleuries, où l'on vous sert une bonne cuisine.

Kiparissia

Moins de 16 €

51 **To Petrino Balkoni** – **B3** - *À Kalo Nero, 8 km au nord de Kiparissia - ☏ 276 10 72 520 - 13h-minuit - env. 15 €.* Taverne en bord de mer, à la cuisine inventive. Accueil chaleureux et prix modérés.

OLYMPIE ET LES MONTAGNES DE L'ÉLIDE

Olympie

Moins de 16 €

52 **Ambrosia** – **B2** - *À la sortie du site archéologique, côté musée - ☏ 262 40 23 414 - www.ambrosiagarden.gr - 13h-minuit - env. 15 €.* Un peu à l'écart de la rue principale et ses rabatteurs, cette terrasse abritée du restaurant fait la joie de ses clients. Produits locaux et cuisine un peu plus intéressante que la moyenne locale.

53 **Thea** – **B2** - *À Floka, 1 km à l'ouest d'Olympie - ☏ 262 40 23 264 - 13h-minuit (fermé à midi hors sais.) - env. 15 € -* ⊄*.* Une belle surprise : tenue par un charmant couple gréco-suédois, cette petite adresse sur les hauteurs sert une cuisine familiale savoureuse et très abordable : bœuf à la moutarde, lapin au citron, etc.

Dimitsana

Moins de 16 €

54 **Tefthis** – **C2** - *Sur la rue principale - ☏ 279 50 31 514 - 13h-minuit - env. 15 € -* ⊄*.* Portant le nom antique du bourg, ce restaurant propose une cuisine régionale simple : morue et sa

purée à l'ail, porc fumé aux œufs et coq à la tomate. Agréable salle intérieure à haut plafond et parquet ancien.

CÔTE NORD DU PÉLOPONNÈSE

Diakofto

Moins de 16 €

55 **Kosta** – **C1** - *À l'entrée du village - ✆ 697 595 1711 - 13h-minuit - env. 10 €.* Kosta vous invite à choisir vos plats en cuisine. Grillades et feuilles de vignes farcies servies sous les tonnelles.

Hlemoutsi/Kastro

Moins de 16 €

56 **Castello** – **A2** - *Au centre du village de Kastro - ✆ 262 30 95 360 - 13h-minuit - env. 15 €.* Une terrasse ombragée et une cuisine de qualité qui tranche avec la plupart des gargotes habituelles. Bœuf en filo, viande grillée fondant sous la dent, tarama maison....

DELPHES

Delphes

Moins de 16 €

57 **Vakhos** – **C1** - *31 r. Apollonos - ✆ 226 50 83 186 - www.vakhos.com - 12h-23h - plats 9/15 €.* Magnifique salle panoramique s'ouvrant sur Itéa et la mer, situés à l'horizon. Belles assiettes, généreusement servies : coq au vin, ragoût de lapin aux oignons, agneau du Parnasse au citron, etc. Café grec joliment servi.

De 16 à 30 €

58 **To Patriko Mas** – **C1** - *69 r. Pavlou & Friderikis - ✆ 226 50 82 150 - 12h-23h30 - plats 8,50/16 €.* Vous tomberez sous le charme des deux salles de ce restaurant, situé à l'entrée de la ville, avec leurs murs en pierre, leurs poutres apparentes et leur collection d'outils anciens et de poteries peintes. Cuisine régionale aux herbes savoureuse et bien présentée. Service discret et soigné.

Arahova

Moins de 16 €

59 **Gefira** – **C1** - *Juste après le pont, côté vallée - ✆ 226 70 31 917 - 13h-minuit - env. 10/15 €.* Une taverne au décor coloré où l'on sert de copieux plats locaux dans une ambiance villageoise. Bon rapport qualité/prix.

Prendre un verre

Climat méditerranéen oblige, la plupart des cafés grecs sont dotés de larges terrasses, souvent ombragées. D'une grande diversité, les établissements vont du petit *kafenion* de village, où les hommes jouent au *tavli* (variante locale du backgammon) en buvant un *ouzo*, au bar local et branché, en passant par les « terrasses à touristes ». Sauf indication contraire, ils ouvrent en général tous les jours, généralement entre 7h et 10h, et ferment souvent tard dans la nuit.

Repérez les adresses sur nos plans grâce aux pastilles numérotées (ex. 1). Les coordonnées en rouge (ex. D2) font référence au plan détachable d'Athènes et à la carte du Péloponnèse.

ATHÈNES

Plaka et Koukaki

Plan **p. 16-17**.

Au cœur du vieux quartier, la place Filomoussou-Eterias et les rues perpendiculaires sont souvent animées par des rabatteurs. Malgré cela, l'endroit demeure pittoresque, avec des cafés calmes et agréables.

1 **Brettos** – **E6** - *41 r. Kydathineon - ✆ 210 32 32 110 - www.brettosplaka.com - 10h-3h.* Depuis 1909, ce caviste aligne d'antiques fûts de bois dans sa petite boutique. Celle-ci est aujourd'hui reconvertie en bar branché dont les murs sont ornés de bouteilles multicolores savamment éclairées. Dégustation de grands crus grecs.

6 **Kiki de Grèce** – **E6** - *4 r. Ipitou - ✆ 210 32 11 279 - www.facebook.com/kikidegrece - lun.-vend. 16h-minuit, sam.-dim. 13h-1h du matin.* Ce bar à vin, situé dans une rue piétonne, est surtout fréquenté par les Athéniens. On choisit parmi une petite sélection de vins grecs, et de bières artisanales nationales provenant de micro-brasseries. Un menu du jour et des snacks du terroir.

2 **Dioskouri** – **D6** - *13 r. Dioskouron - ✆ 210 32 19 607 - 8h30-1h.* Cette terrasse au charme bucolique compte quelques tables avec vue plongeante sur l'Héphaïstéion et le site de l'Ancienne Agora. Au calme sur les hauteurs de Plaka, c'est idéal pour un verre et quelques *mezze*.

4 **Little Tree Books and Coffee** – **D7** - *2 r. Kavalloti - ✆ 210 92 43 762 - tlj sf lun. 9h-1h.* Cette jolie adresse de Koukaki se situe à l'arrière du musée de l'Acropole, au calme. À la fois café, bar et librairie, c'est l'une des meilleures adresses pour oublier l'agitation des visites touristiques.

7 **Klepsidra Café** – **D6** - *9 r. Thrasivoulou - à l'angle de la r. Klepsidra - ✆ 210 32 12 493 - 9h-1h.* Au calme, à deux pas de la tour des Vents et de l'ancienne Agora, on y savoure, à la lueur des chandelles, cocktails, jus de fruits ou bières, à moins d'opter pour un yaourt aux pruneaux, aux noix et au miel. Ambiance bohème à côté d'une galerie d'art.

9 **Meerkat Cocktail Safari** – **D8** - *7 r. Vyzantiou - ✆ 213 04 53 390 - meerkatcocktailsafari.com - mar.-jeu. 11h-2h, vend.-sam. 11h-3h, dim. 11h-0h.* Ce bar à cocktail a ouvert ses portes il y a quelques années, dans les profondeurs de Koukaki. L'équipe franco-grecque y propose une carte de cocktails bien équilibrés.

10 **Riza Riza** – **D8** - *19 r. Drakou - ✆ 210 92 27 267 - 8h-0h.* Ce café-bar reçoit une population détendue et branchée sur la rue piétonne de Drakou, au cœur de Koukaki. On y vient en journée pour boire le café ou déguster un brunch réputé, ou en soirée pour les cocktails.

Monastiraki

Plan p. 16-17.

Dans ce quartier très touristique, privilégiez les bars en étage pour échapper à la foule et mieux profiter de la vue sur l'Acropole.

8 **Noel** – **D5** - *59B, Kolotroni - ✆ 211 21 59 534 - www.noelbar.gr - 10h-2h du matin.* Niché dans une *stoa*, l'un des vieux passages couverts du centre, ce bar à la déco vintage et aux allures de vieux théâtre est un classique des nuits athéniennes, connu pour ses cocktails.

11 **Anglais** – **D5** - *6 r. Kirikeioi - ✆ 215 56 01 192 - 11h-2h.* Voici notre adresse préférée parmi les nombreux *rooftops* de Monastiraki. Anglais est un peu plus haut perché que les autres, un peu plus proche du Rocher Sacré, et un peu plus calme : autant de qualités qui justifient ce choix !

13 **Heteroclito** – **E5** - *2 r. Fokionos - ✆ 210 32 39 406 - www.heteroclito.gr - 12h30-0h (vend.-sam. jusqu'à 1h30, dim. 18h-0h).* Les tabourets de ce bar à vins occupent une ruelle piétonne entre Ermou et la cathédrale. Vous y dégusterez de bonnes bouteilles sélectionnées avec soin parmi ce qui se fait de mieux aujourd'hui en Grèce, notamment parmi les vins naturels.

Thissio et Gazi

14 **Café du Musée Benaki d'Art islamique** – **C4** - *22 r. Ag. Asomaton - ✆ 693 784 5790 - jeu.-dim. 10h-18h.* Sur le toit du musée, ce petit bijou de café offre une vue imprenable sur le cimetière Keramikos, Gazi et l'Acropole. Au calme et à l'ombre, vous pourrez vous y rafraîchir dans un cadre enchanteur.

15 **Cabezon** – **B4** - *110 r. Keramikou - ✆ 215 55 06 414 - 12h-3h.* À l'orée de Gazi, dans une petite cour intérieure tranquille transformée en jardin, Cabezon est une adresse appréciée des jeunes Athéniens. On y partage des mezzes et de petites carafes de raki ou d'ouzo.

Quartier du Marché

12 **The Clumsies** – **E4** - *30 r. Praxitelous - ✆ 210 32 32 682 - www.theclumsies.gr - 10h-2h.* Classé par un site branché parmi les 50 meilleurs bars à cocktails du monde il y a quelques années, le lieu a des atouts. Au rez-de-chaussée, un bar intimiste sous une verrière. À l'étage, une piste de danse enflamme les foules le soir.

16 **Mokka** – **D4** - *44 r. Athinas - ✆ 210 32 16 892 - tlj sf dim. 7h-15h30.* Attenante aux halles centrales, cette adresse traditionnelle sert un authentique café oriental, préparé

dans un *briki* chauffé dans du sable, comme le veut la tradition. À déguster avec un loukoum.

Autour de la place Syntagma

Plan **p. 16-17**.

La place du Parlement ne manque pas de cafés (des fast-foods au bar de prestigieux hôtels).

3 **Café du musée numismatique** – **E5** - *12 r. Panepistimiou - ✆ 210 36 10 067 - www.nummus.gr - lun. sam. 9h-23h, dim. 9h-20h.* Un café niché dans un merveilleux jardin. Le bâtiment, ancienne propriété de l'archéologue allemand Heinrich Schliemann, découvreur de Mycènes, abrite les collections nationales de pièces de monnaie antiques (mêmes horaires que le café).

17 **Warehouse** – **F3** - *21 r. Valtetsiou - ✆ 215 54 08 002 - 9h-1h.* Cet établissement à l'esthétique industrielle recherchée sert de très bons cafés et vins ou cocktails en soirée. On y prend également un savoureux brunch ou un repas léger, installé sur une rue piétonne agréable.

Kolonaki et Lycabette

Dans ce quartier élégant, rendez-vous de la bourgeoisie intellectuelle, de nombreux cafés en terrasse bordent la rue Tsakalof *(en partie piétonne)*.

5 **Da Capo** – **F5** - *1 r. Tsakalof (pl. Kolonaki) - ✆ 210 36 02 497 - 7h-22h.* On déguste ici de délicieux petits sandwichs à choisir au bar avant de s'installer sur l'agréable terrasse donnant pl. Kolonaki.

CORINTHE

Loutraki

Vous aurez un vaste choix de bars sur la promenade Poséidon.

18 **Da Alma** – **D2** - *51 av. El. Venizelou - rue principale - ✆ 274 40 64 578.* Un bar apprécié des locaux pour ses cafés frappés. Terrasse avec divans et quelques tables hautes.

19 **Isthmia Bridge Cafe** – **D2** - *À côté de l'église St-Nicolas - ✆ 274 10 37 970 - 8h-23h.* Un agréable et modeste café, au calme, installé sur le bord du canal juste avant qu'il ne se fonde dans la mer. Surtout idéal pour prendre un verre, avant de découvrir le canal de Corinthe.

Corinthe

20 **The Cuppers** – **D2** - *41 r. Damaskinou - ✆ 274 10 74 525.* Un lieu calme et agréable, très apprécié des locaux. On y déguste, dit-on, l'un des meilleurs cafés de la ville.

ARGOLIDE

Nauplie

Plan **p. 48-49**

Nombreux cafés sur la promenade du front de mer.

21 **Iliostasio** – *9 r. Akti Miaouli - ✆ 275 20 26 959 - 8h-2h.* Une vaste terrasse vous accueille sur la promenade du front de mer, juste en face de l'îlot Bourdzi.

22 **Kontogiorgos Cafe** – *3 r. Akti Miaouli - ✆ 275 20 28 686 - 7h-3h30.* Cet agréable café, très bien situé, s'ouvre sur la promenade du front de mer et offre une magnifique vue sur l'îlot Bourdzi.

Glacier

23 **Antica Gelateria di Roma** – *3 r. Farmakopoulou - face à l'hôtel King Othon I - ✆ 275 20 23 520.* Cette gelateria s'enorgueillit d'attirer les Naupliotes et les visiteurs depuis 1870 grâce à ses glaces artisanales.

Tolo

24 **Esperando Cafe-Bar** – **D2** *-28 r. Sekeri - ✆ 275 20 59 610 - 7h30-1h.* On s'y retrouve tout au long de la journée, du café le matin à l'apéritif le soir, en passant par la crêpe du goûter, pour observer le va-et-vient des promeneurs de la station balnéaire.

MONEMVASSIA

Gefyra

25 **Pâtisserie traditionnelle** – **D4** - *Dans la rue principale.* Sablés aux amandes, délicieux beignets... à emporter ou à savourer sur place.

Kastro

26 **Biscotto** – **D4** - *En contrebas de la rue principale - ✆ 697 320 2948 - 8h30-23h.* Dans la ville haute, non loin de l'église Agia Sofia, un lieu idéal pour boire un café, manger une gaufre ou petit-déjeuner. N'hésitez pas à vous installer sur la terrasse à l'arrière.

27 **Enetiko Cafe et Cocktail Bar** – **D4** - *En contrebas de la rue principale - ✆ 273 20 61 352 - enetiko.olympicbiz.com - 7h-3h.* L'atout indéniable de ce bar est la vue incroyable qu'il offre sur la vieille ville et la mer. Parfait pour se détendre, un cocktail à la main, après une visite de la cité médiévale.

saiko3p/Getty Images Plus

Place Syntagma à Nauplie.

LE MAGNE

Githio

Nombreux cafés, avec terrasse, sur le port.

28 **Café Plaz** – **C4** - *Eleftherolakonon - ✆ 273 30 22 722 - 8h-3h.* On se ressource ici le temps d'une pause les pieds dans l'eau. C'est l'endroit parfait pour profiter agréablement d'un coucher de soleil, en sirotant un verre.

Kardamyli

29 **Cafe Aman** – **C3** - *Face au petit port et à l'îlot de Meropi (restes de murailles) - ✆ 272 10 73 266.* Animation musicale le week-end.

KALAMATA ET SES ENVIRONS

Kalamata

30 **Bistroteca** - **C3** - *18 pl. Agiou Georgiou* - *272 10 97 431* - *9h-minuit.* Dans ce café, installé dans un splendide manoir néoclassique de 1910, vous pourrez petit-déjeuner, prendre un café ou déguster un cocktail à la nuit tombée.

31 **Secada Beach Bar** - **C3** - *232 r. Navarinou* - *8h-23h.* Des chaises longues et des poufs confortables n'attendent que vous : on peut y faire une halte tout au long de la journée pour profiter de la mer, boire un verre ou grignoter.

32 **Tricky Bar** - **C3** - *161 r. Navarinou* - *272 11 10 437* - *9h-19h.* Pause terrasse dans ce café en bord de mer, qui propose notamment de bons cocktails et des jus de fruits frais.

Café

33 **Blossom Owl/Coffee Shop/ Roastery** - **C3** - *7 r. Aristoteli Valaoritou* - *272 10 60 008* - *8h-minuit (dim. 9h).* Une adresse réputée pour son café. Vous pourrez aussi y déguster de délicieuses crêpes et gaufres.

Mavrommati

34 **Restaurant - Kafe Ithomi** - **B3** -*Dans la grande rue qui traverse le village* - *272 40 51 298* - *ithomi.gr* - *9h-18h.* Pause terrasse impérative dans ce café-taverne qui offre une superbe vue sur les ruines de l'ancienne Messène. Idéal pour boire un verre ou manger une salade grecque.

Sparte

35 **Enigma Cafe** - **C3** - *Konstantinou Palaiologou* - *273 10 26 466.* Ambiance assurée dans ce sympathique bar où l'on vient prendre un verre à des prix raisonnables à toute heure du jour et de la nuit.

PÉNINSULE DE METHONI

Methoni

36 **Ostria Cafe** - **B4** -*Non loin de la citadelle, face à la mer* - *272 30 31 035* - *9h-23h30.* Ce café offre une belle vue sur le port et la mer, avant ou après votre visite de la citadelle vénitienne.

OLYMPIE ET LES MONTAGNES DE L'ÉLIDE

Andritsena

37 **Taverne Tsigouri** - **B2** - *Au milieu des escaliers qui montent de la place principale.* Une taverne à l'ancienne avec ses *briki* (pots à café) noircis, sa toile cirée et, en prime, le sourire de la patronne.

DELPHES

Café (sans nom), au pied du site, sur la route qui descend vers la tholos. Vue imprenable sur la vallée, mais tarifs à la hauteur !

Shopping

Le Péloponnèse n'est pas – a priori – une destination shopping, à part peut-être pour quelques douceurs. Vous dénicherez parfois des petites boutiques proposant des spécialités locales et de l'artisanat. En dehors des zones touristiques, beaucoup de commerces n'ouvrent que le matin *(env. 9h-15h)* avant de rouvrir en fin d'après-midi *(17h30-20h30)* et ferment le dimanche. Vous vous rattraperez vite à Athènes, cependant. Autour de Plaka, la plupart des boutiques s'adaptent au rythme (et aux besoins) des touristes.

Repérez les adresses sur nos plans grâce aux pastilles numérotées (ex. 1). Les coordonnées en rouge (ex. D2) font référence au plan détachable d'Athènes et à la carte du Péloponnèse.

ATHÈNES

Parc archéologique

Souvenirs

6 **Greece is for Lovers** – **D7** - *13A r. Karyatidon - 210 92 45 064 - www.greeceisforlovers.com - visites de l'atelier sur RV.* Ce collectif de designers sévit au pied de l'Acropole et détourne avec malice les clichés de la Grèce moderne et antique au travers de meubles, lampes, ustensiles et objets déco. Parmi leurs créations (en édition limitée) : des sabots en olivier coiffés d'un pompon.

Plaka

Plan **p. 16-17**.

Souvenirs

5 **Forget Me Not** – **E6** - *100 r. Adrianou - 210 32 53 740 - www.forgetmenotathens.gr - 10h-22h (20h en hiver).* Dans l'une des rues les plus commerçantes – et gagnée par le kitsch – cette boutique rafraîchissante met à l'honneur des créateurs locaux avec T-shirts, vaisselle et petits souvenirs élégants et originaux, dans toutes les gammes de prix. N'oubliez pas de visiter le sous-sol (ruelle adjacente).

Herboristerie

2 **Arethas** – **E6** - *10 r. Kydathineon - 210 32 33 687 - 10h-20h.* Pour des cadeaux authentiquement grecs, agréables et peu onéreux : infusions aux herbes « de la montagne » (*tsai tou vounou*) du Péloponnèse, camomille de Crète, mastic de Chios, etc. Chacun a des vertus thérapeutiques.

Bijoux

16 **18F** – **E7** - *18 r. Frinichou - 210 32 54 466 - 18frynihou.com - mar.-vend. 11h-20h30 (merc. 18h), w.-end 12h-18h.* Difficile de tomber par hasard sur ce minuscule atelier, caché dans une discrète ruelle parallèle à l'allée Dionysiou-Areopagitou. Bijoux contemporains en argent, à prix doux.

1 **Alexis Papaxatzis** – **D6** - *6 r. Erechtheos - 210 32 54 064 - www.alexisp.gr - tlj sf lun. 20h-minuit.* En dehors des sentiers battus, cet artisan crée des bijoux abordables et

entrechat/Getty Images Plus

La rue Ermou à Athènes.

contemporains. En vente aussi dans la boutique du musée Benaki.

Cuir

10 Melissinos – **E7** - *16 r. Tzireon - ✆ 210 32 19 247 - www.melissinos-art.com - tlj sf dim. 10h-17h (lun. 12h).* Ce fabricant de sandales en cuir vaut le détour. Les modèles les plus demandés sont les reproductions de ceux portés par des célébrités : les « Jackie O » de Jacqueline Kennedy-Onassis ou encore, les « Cleopatra ».

Monastiraki

Plan **p. 16-17**.

Musique

15 The Bouzouki Shop Polydorou – **D5** - *31 r. Pandrossou ✆ 210 32 41 491 - www.thebouzoukishop.com - 10h-19h (dim. 18h).* Voué à la musique traditionnelle grecque, ce luthier produit lui-même tout l'éventail des instruments traditionnels : bouzouki, tzoura, baglama, mandoline... Dans un tout autre registre, il dispose d'un beau choix de guitares américaines : Fender, Gibson, etc.

Gazi

Souvenirs

12 Boutique du musée Benaki Pireaos 138 – **A5-6** - *138 r. Pireos - ✆ 210 34 53 111 - www.benakishop.gr - jeu. et dim. 10h-18h, vend.-sam. 10h-22h.* Spécialisée dans l'art contemporain, cette annexe du musée Benaki dispose d'une boutique dotée d'un vaste choix de petits objets design et de livres sur la photographie, l'urbanisme, le street art et la création artistique en Grèce.

Quartier du Marché

Herboristerie et épices

4 Elixir – **D4** - *41 r. Evripidou - ☏ 210 32 15 141 - www.elixir.com.gr - tlj sf dim. 7h30-17h (mar.-jeu. 16h).* Une belle herboristerie à l'ancienne où herbes, fleurs séchées et épices sont conservées dans des rayonnages de bois foncé, vitrés pour préserver leurs arômes. Fotsi, la boutique voisine, vaut aussi le détour.

Musique

11 Nikos Xilouris – **E4** - *39 r. Panepistimiou - galerie (stoa) Pesmatzoglou - ☏ 210 32 22 711 - www.xilouris.gr - lun., merc. et sam. 10h-16h, mar., jeu.-vend. 10h-20h.* Tenu par le chanteur Nikos Xilouris, ce magasin tient lieu de centre culturel de la musique traditionnelle grecque, avec son grand choix d'instruments, de DVD et de CD de chansons de toutes les régions de Grèce.

Autour de la place Syntagma

Plan p. 16-17.

Bijoux

8 Kessaris – **E5** - *7 r. Panepistimiou - ☏ 210 37 11 010 - www.kessaris.gr - lun., merc. et sam. 10h-17h, mar. et jeu.-vend. 10h-20h - fermé dim.* Un joaillier connu pour ses bijoux modernes inspirés de l'Antiquité, dans lesquels sont incrustées des pierres précieuses ou semi-précieuses. Autre boutique à Syntagma (8A r. Voukourestiou).

7 Ilias Lalaounis – **E5** - *6 r. Panepistimiou - angle r. Voukourestiou - ☏ 210 36 11 371 - www.iliaslalaounis.com - lun.-merc. 10h-17h, mar., jeu. et vend. 10h-20h, sam. 10h-18h.* De très belles répliques de bijoux de la préhistoire, au monde byzantin, produites par les ateliers du plus célèbre joaillier grec. Quatre autres boutiques à Athènes (une à l'aéroport) et une à Paris.

Gastronomie, cosmétiques

9 Mastihashop – **E5** - *6 r. Panepistimiou - à l'angle de la r. Kriezotou - ☏ 210 36 32 750 - www.mastihashop.com - lun.-vend. 9h-21h, sam. 10h-18h.* Ce magasin propose des produits élaborés avec le mastic, gomme tirée de la résine du pistachier lentisque à laquelle sont attribuées des vertus médicinales. En plus des loukoums et des friandises traditionnelles, vous trouverez shampoings, laits de toilette, lotions solaires et même des chewing-gums. Deux autres boutiques à l'aéroport.

Mode

17 Ancient Greek Sandals – **E5** - *1 r. Kolokotroni - ☏ 210 32 55 485 - www.ancient-greek-sandals.com - lun., merc. et sam. 10h-18h, mar. et jeu.-vend. 11h-19h.* Boutique-phare de cette marque qui s'est imposée à l'international comme la représentante des sandales grecques de luxe.

Céramique

14 The Attic Black Shop – **F8** - *4 r. Diagoras - ☏ 210 32 32 005 - www.atticblack.com - lun.-vend. 9h30-17h.* Cet atelier s'est spécialisé dans des reproductions très fidèles de

Kiosques

Élément capital de la vie quotidienne, le **periptero** est ce kiosque où l'on vend de tout. Il y en a partout, ouverts de jour comme de nuit. Si leur activité principale est la vente de journaux et de cigarettes, vous y trouverez aussi mille autres choses : cartes postales, boissons, crèmes glacées, gâteaux secs, dentifrice, aspirine, timbres, préservatifs, cartes téléphoniques, ou encore shampoing et rasoirs jetables.

céramiques anciennes exécutées selon des méthodes scientifiques rigoureuses, dont celles d'étonnantes poupées du 7e s. av. notre ère, découvertes en Béotie. Utilisation de peintures naturelles et de techniques anciennes.

Kolonaki

Vêtements

3 **B38** – **F5** - *38 r. Voukourestiou - ✆ 210 33 88 554 - www.b38.gr - lun., merc. et sam. 11h-17h, mar. et jeu.-vend. 10h-21h.* Mirella Manta et Ioli Michalopoulou, deux stylistes en vogue proposent ici leurs créations pour femmes à des prix encore accessibles.

Mode, design

13 **Philos** – **F4** - *32 r. Solonos - ✆ 210 36 19 163 - philosathens.com - tlj sf dim. 9h-19h, sam. 10h-19h.* Créé dans la maison néoclassique du collectionneur d'art Euripide Koutlidis (1890-1974), ce concept store habillé de bois est spécialisé dans la mode et le design.

CORINTHE

Némée

Vins

18 **Domaine Lafkiotis** – **D2** - *Ancienne Kleones - ✆ 274 60 31 000 - www.lafkiotis.gr.* Situé aux environs immédiats de Némée (bien fléché), ce domaine vous fera un très bien accueil et vous y trouverez un vaste choix de bouteilles pour tous les budgets.

ARGOLIDE

Nauplie

Plan p. 48-49

Le marché a lieu le mercredi et le samedi, rue du 25-Mars *(25 Martiou)*, près de la place des Trois-Amiraux.

Vins, gastronomie

19 **Cave Karonis** – *5 r. Amalias - ✆ 275 20 24 446 - www.karoniswineshop.gr.* Dimitris Karonis, qui parle un très bon français, se fera un plaisir de vous expliquer la fabrication de l'ouzo, et des autres eaux-de-vie vieillies dans ses cuves, qu'il fait déguster avec gentillesse. Excellent choix de vins grecs et très bon accueil.

20 **Nectar et Ambrosia** – *1 r. Staikopoulou - ✆ 694 160 3303 - 10h-22h30.* Cette boutique propose des produits de qualité : une grande variété de miels, de la gelée royale et de la propolis.

Bijoux, souvenirs

21 **Boutique de la Fondation d'Art populaire du Péloponnèse Vasilios Papantoniou** – *1 r. Vasileos Alexandrou - ✆ 275 10 28 947*

Moonstone Images/Getty Images Plus

Komboloï.

- *lun.-sam. 9h-14h30, dim. 9h30-14h30 - 4 € (-12 ans gratuit).* La boutique de ce musée, qui présente notamment une superbe collection de costumes de l'ensemble des régions de Grèce, propose un choix d'objets d'artisanat de qualité inspirés des collections (meubles, bijoux, etc.).

Komboloï

(22) **Boutique du musée du Komboloï** – *25 r. Staikopoulou - ✆ 275 20 21 618 - www.komboloi.gr - tlj sf mar. 9h30-20h30.* Difficile de quitter Nauplie sans s'être muni d'un komboloï, ce petit chapelet qui peut être composé en bois, en verre, ou bien encore en ambre ou en ivoire. Après avoir visité ce petit musée privé *(2 €)*, au premier étage, qui présente une belle collection de plus de 200 pièces, parfois anciennes, faites un tour dans sa boutique et vous trouverez peut-être votre bonheur. Il existe également d'autres magasins spécialisés dans la vieille ville.

Vêtements

(23) **Armiriki** – *11 r. Staikopoulou - ✆ 275 20 47 271 - www.armiriki.com - 9h-22h.* Armiriki, « tamaris » en français, est une jeune marque 100 % grecque qui fabrique avec passion des T-shirts graphiques, conçus par des artistes, en édition très limitée. Boutique en ligne également avec livraison dans le monde entier.

MONEMVASSIA

Kastro

Gastronomie, cosmétiques

(24) **Edodimopolio Honey Shop** – **D4** - *En contrebas de la rue principale - ✆ 273 20 61 303.* Parmi les nombreuses boutiques de la rue principale, celle-ci se distingue nettement par la qualité de ses produits : miel, huiles d'olive, hydromel, produits cosmétiques naturels...

KALAMATA ET SES ENVIRONS

Kalamata

Vous y trouverez les fameuses olives noires de Kalamata, mais aussi des oranges, des figues sèches et des *pasteli* (gâteaux au sésame).
Pour des pièces artisanales, tissages en soie, teints ou brodés par les sœurs du monastère des saints Constantin

et Hélène, dirigez-vous à droite de la cathédrale d'Ipapandi, au pied de la forteresse.

Sparte

Gastronomie, cosmétiques

25 **Boutique du musée de l'Olivier et de l'Huile d'olive grecque** – **C3** - *129 r. Othonos Ke Amalias - ✆ 273 10 89 315 - mars-oct. 10h-18h (17h nov.-fév.).* Le musée dispose d'une petite boutique (huile d'olive, savons, cosmétiques).

PÉNINSULE DE METHONI

Pylos

En face du musée, une petite boutique vend de jolies céramiques, sculptures et aquarelles.

OLYMPIE ET LES MONTAGNES DE L'ÉLIDE

À Stemnitsa, Vitina et Langadia, vous trouverez des tapis et broderies anciennes, ainsi que des boîtes, des cannes et des jouets en bois sculpté.

CÔTE NORD DU PÉLOPONNÈSE

Hlemoutsi/Kastro

Poterie, gastronomie

26 **Camara** – **A2** - *Dans une rue qui descend du centre de Kastro vers la gauche - ✆ 262 30 95 026 - www.greekartcamara.com.* Le magasin de Margarita présente de belles poteries, réalisées par un artisan de la région, tandis que son mari, Nicolas, vous proposera l'huile d'olive de sa production.

Patra

Vins

27 **Caves Achaia Clauss** – **B1** - *À l'extérieur de la ville, bien indiqué quand on arrive à Patra depuis Pyrgos - ✆ 261 05 80 100 - www.achaiaclauss.gr.* Lieu très fréquenté par les Grecs les dimanches et jours de fête. Cette importante cave viticole, fondée au 19e s. par un Allemand, a fait sa réputation sur les vins rouges liquoreux tirés du cépage mavrodafni et sur le muscat de Patra. Aujourd'hui, l'ensemble est plutôt sur le déclin mais on peut encore voir les impressionnants foudres en bois sculptés et goûter à la production.

DELPHES

Delphes

Des tapis, coussins et rideaux tissés à la main sont en vente dans les boutiques des rues centrales.
La spécialité culinaire de Delphes est le *staphydopsomi* (biscuit aux raisins secs).

Arahova

À Arahova, goûtez aux *papastathi*, délicieuses pâtes d'amandes à l'orange, à la noix ou à la rose, vendues dans trois pâtisseries de la rue principale.

Sortir

Pour sortir, les occasions ne manquent pas à Athènes et dans les grosses stations comme Nauplie, Kalamata et Monemvassia. Dans le reste du Péloponnèse, sachez que la vie nocturne est beaucoup plus calme.

Repérez les adresses sur nos plans grâce aux pastilles numérotées (ex. 1). Les coordonnées en rouge (ex. D2) font référence au plan détachable d'Athènes et à la carte du Péloponnèse.

ATHÈNES

À Athènes, les noctambules trouveront partout de quoi occuper les chaudes nuits d'été. Notez qu'une boîte diffusant de la techno peut tout à fait passer, vers 4h ou 5h du matin, de la musique grecque si elle accueille une clientèle locale ; l'occasion de découvrir le *tsifteteli*, des mélodies et danses orientales.

Plaka

Plan p. 16-17.

Danses traditionnelles

13 **Théâtre Dora Stratou** – **E6** - *8 r. Scholiou - colline de Filopappou, entrée principale pl. Apolloniou, à Koukaki - ✆ 210 92 14 650 - www.grdance.org - de fin mai à fin sept. - représentations merc., jeu. et vend. 21h30, w.-end 20h30 - 15 € (-18 ans 5 €).* Le spectacle présente un panorama des danses régionales de l'ensemble du monde grec.

Musique

14 **Odéon d'Hérode Atticus** – **D6** - *Dionysiou Aeropagitou - ✆ 210 723 45 67.* Toute l'année, et plus particulièrement l'été au cours du Festival d'Athènes et d'Épidaure, cet amphithéâtre achevé en 161 apr. J.-C. propose des concerts et représentations autour de la musique. Et ça se passe au pied de l'Acropole.

1 **Blue Bird** – **E6** - *4 r. Ipitou - ✆ 210 32 49 616 - 13h-2h.* Cet ancien atelier de tatoueur a été transformé en un adorable petit café prisé pour ses concerts.

Rebetiko

10 **Perivoli tou Ouranou** – **E6** - *19 r. Lisikratous - ✆ 210 32 35 517 - vend.-dim. à partir de 21h - fermé juil.-sept.* Réservation obligatoire pour une table face à l'estrade dans cette petite adresse où se produisent les grands noms du *rebetiko*.

Monastiraki et Psiri

Plan p. 16-17.

Bar-galerie d'art

6 **K8 Point** – **D5** - *119 r. Ermou - ✆ 210 33 15 407 - www.k8point.gr - 11h-4h du matin.* Un lieu immense (3 500 m²), café et galerie d'art le jour, salle de concert et discothèque la nuit, avec cocktails et plats à toute heure : le « Kapa Okto » s'est imposé comme le nouvel endroit à la mode.

2 **Booze Cooperativa** – **D5** - *57 r. Kolokotroni - 211 40 53 733 - www.boozecooperativa.com - tlj à partir de 11h du matin.* Une institution culturelle qui s'apprécie, selon les heures, pour son bar, sa galerie d'art, son théâtre, ou sa piste de danse.

Musique

11 **Six Dogs** – **D5** - *6 r. Avramotou - 210 32 10 510 - sixdogs.gr - à partir de 10h.* Cette bouillonnante salle propose constamment des animations. En journée : des expos, des happenings, un café où boire tranquillement des cocktails. En soirée et la nuit : des concerts, des DJ, puis généralement un *after* jusqu'au petit matin. On y accède par une ruelle, très calme, qui ne laisse pas imaginer ce qui palpite ici.

Gazi

À côté de Monastiraki, ce quartier à la mode regorge de bars et boîtes de nuit (qui changent souvent de nom...).

Bar

8 **Momix** – **B4** - *1 r. Keleou - 210 34 69 662 - www.momixbar.com - 20h-3h.* Le concept ici, inédit à Athènes : la « mixologie moléculaire ». Autrement dit, les cocktails et boissons sont servis sous forme solide, entre autres textures.

Musique

4 **Gazarte** – **B4** - *32 r. Voutadon - 210 34 60 347 - www.gazarte.gr - 19h-3h.* Plus qu'un bar à cocktails, voici un véritable petit complexe culturel avec un cinéma, une librairie et une salle de concert.

12 **Technopolis** – **B5** - *100 r. Pireos - 210 34 75 518 - www.technopolis-athens.com - 8h-21h, w.-end 9h-22h et plus tard selon la programmation.* Principal lieu culturel de la ville, cette ancienne usine s'anime toute l'année : concerts, films, happenings, danse contemporaine, expositions, etc. Programmation à suivre sur le site.

Pour danser

9 **Noiz Club** – **B4** - *78 r. Konstant inoupoleos - 210 34 67 850 - www.facebook.com/noizclubgaz - tlj à partir de 23h.* Sans doute le club gay et lesbien le plus branché d'Athènes et un haut lieu de la cause LGBT. Ouvert à tous, il est reconnu pour sa scène musicale.

Cinéma en plein air

15 **Ciné Thission** – **C6** - *7 r. Apostolou Pavlou - 210 34 20 864 - cine-thisio.gr - séances à 20h30 et 22h30 - 6/8 €.* Le plus ancien cinéma en plein air d'Athènes, ouvert depuis 1935 (avec une interruption forcée pendant l'Occupation). Vous y verrez des classiques ainsi que des films du moment en V.O., avec vue sur l'Acropole. Un moment magique.

Kolonaki

Musique

5 **Jazz in Jazz** – **G4** - *4 r. Dimokratous - 210 72 58 362 - 20h-3h (parfois fermé en été).* Dans un décor digne du bric-à-brac d'un antiquaire, ce café-concert enfumé est spécialisé dans le jazz d'avant les années 1960 (Miles, Backer, Parker, Coltrane, Ellington...).

3 **CV Distiller** – **H5** - *7 r. Chatzigianni Mexi - 210 72 31 767 - www.facebook.com/CV.Distiller - de midi à 4h du matin.*

KenWiedemann/Getty Images Plus

Le Café Rosso à Nauplie.

Ce bar design propose sans doute la plus belle sélection de whiskys et spiritueux d'Athènes. L'endroit est aussi prisé pour son restaurant et ses soirées jazz.

CORINTHE

Loutraki

16 **Casino de Loutraki** – **D2** - *✆ 274 40 60 300 - www.clubhotelloutraki.gr.* Vaste hôtel-casino avec machines à sous.

ARGOLIDE

Nauplie

Plan p. 48-49

Vous aurez un large choix de bars et de cafés animés, sur les quais et sur la place Syntagma.

17 **Café Rosso** – *R. Farmakopoulou - dans le passage menant à la pl. Syntagma - ✆ 275 20 29 214 - rossocafe.gr.* Le café branché des nuits nuupliotes, mais prisé aussi pour le petit-déjeuner. Le soir, clientèle jeune, musique et décor minimaliste.

18 **Cozy Cocktail Bar** – *63 r. Boumpoulinas - 8h-3h.* Bonne adresse pour expérimenter les nuits naupliotes.

KALAMATA ET SES ENVIRONS

Kalamata

19 **Roi Mat** – **C3** - *À côté du restaurant I Psaropoula - ✆ 272 10 83 911.* Un café ouvert sur le front de mer.

20 **Baroque** - **C3** - *34 r. Amfias - ✆ 694 543 4924 - baroque.gr - 21h-3h30.* Bar réputé pour sa programmation musicale et sa devise : « Buvez responsable, écoutez attentivement, pensez différemment ».

21 **Kyttapo Rock Bar** - **C3** - *12 r. Amfias - ✆ 272 11 10 382 - 20h30-3h30 (vend.-sam. 5h30) - fermé lun.* Ce bar « rock » propose un vaste choix de bières, de whiskys et de cocktails, dans une ambiance détendue. Concerts.

Pour danser

22 **Maypa Mesanyxta** - **C3** - *Un peu excentré par rapport au front de mer - Après la marina, empruntez le pont via la rue Evaggelistrias et continuez tout droit sur 400 m - ✆ 697 406 3536 - seult vend.-sam.* Discothèque populaire et prisée de la jeunesse grecque.

23 **Please Don't Tell - Banana, O** - **C3** - *4 r. Salaminos - ✆ 694 530 1918 sam. 23h30-8h.* Un club apprécié pour sa musique, son service et sa décoration.

Sparte

En soirée, nombreux bars sur la rue Paléologou et dans le centre-ville.

24 **Ministry Music Hall** - **C3** - *Face à l'hôtel Menelaion - ✆ 273 10 81 288 - www.ministrymusichall.gr.* Ce bar-club à l'atmosphère chaleureuse est incontournable pour les fins de soirée.

25 **Antique Cafe Bar** - **C3** - *Konstantinou Palaiologou - ✆ 273 11 00 306 - 8h-4h.* L'un des nombreux bars branchés du centre-ville, ouvert toute la journée, et particulièrement prisé par la jeunesse pour sa piste de danse.

PÉNINSULE DE METHONI

Pylos

L'essentiel de la vie nocturne se concentre dans les cafés de la place des Trois-Amiraux.

OLYMPIE ET LES MONTAGNES DE L'ÉLIDE

Olympie

26 **Zorbas Coffee Music Bar** - **B2** - *Non loin du musée de l'Histoire des anciens Jeux olympiques, à 5mn à pied du centre - ✆ 698 612 4530.* Un peu éloigné de la rue principale d'Olympie, ce bar propose de bons cocktails, dans une ambiance décontractée, accompagnée d'une belle programmation musicale. Avec en prime, une très jolie vue.

Se loger

L'infrastructure hôtelière grecque est très développée et la qualité de l'hébergement a beaucoup progressé.

Les tarifs les plus élevés sont pratiqués durant la haute saison, les fêtes de Noël et de la Pâques orthodoxe. Il est parfaitement accepté de négocier les prix, surtout si vous restez plusieurs nuits. à Athènes, les hôtels sont, à prestations égales, de 30 à 40 % plus chers qu'ailleurs.

Repérez les adresses sur nos plans grâce aux pastilles numérotées (ex. 1). Les coordonnées en rouge (ex. D2) font référence au plan détachable d'Athènes et à la carte du Péloponnèse.

ATHÈNES

Plaka

Plan **p. 16-17**.

De 50 à 90 €

7 **Nefeli** – **E6** - *16 r. Iperidou - ✆ 210 32 28 044 - www.hotel-nefeli.com - 18 ch. 60 €* ☕. Bien situé à l'angle de deux rues très calmes, ce petit hôtel simple, propre et confortable se trouve au cœur même de Plaka.

De 90 à 150 €

1 **Adrian** – **D5** - *74 r. Adrianou - ✆ 210 32 21 553 - www.douros-hotels.com - 22 ch. 130 €* ☕. Petit hôtel au confort irréprochable, où le petit-déjeuner se prend sur une terrasse avec vue sur l'Érechthéion. Bon accueil, chambres élégantes et bien insonorisées.

6 **Hermes** – **E5** - *19 r. Apollonos - ✆ 210 32 35 514 - www.hermeshotel.gr - 45 ch. 165 €* ☕. De belles chambres spacieuses et confortables dotées de balcons. Hôtel agréable et bien équipé.

8 **Plaka** – **D5** - *7 r. Kapnikareas - à l'angle de la r. Mitropoleos - ✆ 210 32 22 706 - www.plakahotel.gr - 67 ch. 150 €* ☕. Chambres confortables et joliment décorées, dont certaines ont vue sur l'Acropole, visible aussi du bar et du solarium.

Plus de 150 €

3 **Athens Was** – **E7** - *5 Dionysiou Areopagitou - ✆ 210 92 49 954 - www.athenswas.gr - 21 ch. 350 €* ☕. Ouvert en 2017, ce boutique-hôtel, au confort impeccable, réjouira les amateurs de design avec ses matériaux nobles et son modernisme classique. Et une situation en or au début de la rue piétonne qui mène à l'Acropole.

Monastiraki et Psiri

De 50 à 90 €

4 **Cecil** – **D4** - *39 r. Athinas - ✆ 210 32 17 079 - www.cecil.gr - 36 ch. 75 €* ☕. Dans un immeuble néoclassique situé sur une grande artère animée, cet établissement a su se doter d'un bon confort en préservant son charme et

Arion

Vue d'Athènes depuis la terrasse de l'hôtel Arion.

son calme. Les parquets sont luisants, la décoration soignée et l'accueil plaisant.

5 **City Circus** – **D4** - *16 r. Sarri - ☏ 213 02 37 244 - www.citycircus.gr - 12 ch. - 31 €/pers. en dortoir - 88 € ch. double.* Entre auberge de jeunesse et hôtel, cet établissement dispose de chambres doubles et de dortoirs de 4 à 8 lits superposés. Aménagé dans un immeuble néoclassique, il compte également un bar-restaurant et une terrasse sur les toits, avec vue sur l'Acropole. Chaque soir, des activités sont proposées.

De 90 à 150 €

2 **Arion** – **D4** - *18 r. Agiou-Dimitriou - ☏ 210 32 40 415 - www.arionhotel.gr - 50 ch. 120 €* - . L'atout de cette adresse, moderne et récente, se révèle dans ses grandes baies vitrées offrant une vue imprenable sur Plaka. Terrasse panoramique sur le toit.

Thissio et Gazi

De 90 à 150 €

9 **Jason Inn** – **C4-5** - *12 r. Assomaton - ☏ 210 32 51 106 - - 54 ch. - 100 €* . Voisin du musée Benaki d'Art islamique et à deux pas de l'Ancienne Agora, de la nécropole de Keramikos et de l'Aréopage, cet établissement moderne et très confortable propose un excellent rapport qualité/prix. Décoration fonctionnelle de bon goût et terrasse sur le toit.

Quartier du Marché

De 90 à 150 €

10 Fresh Hotel – **D4** - *26 r. Sofokleous, angle r. Klisthenous* - ✆ *210 52 48 511* - *www.freshhotel.gr* - *133 ch.* - *125 €* - . Au cœur du quartier central d'Omonia, cet hôtel design et confortable décline des nuances de couleurs allant du vert tendre au rose bonbon. Vue sur le mont Lycabette de la piscine et du solarium.

ÎLES SARONIQUES

Égine

De 50 à 90 €

11 Hotel Danae – **E2** - *Sur la gauche du débarcadère, à 900 m du port* - ✆ *229 70 22 424* - *www.danaehotel.gr* - *52 ch. 87 €* . Établissement tout confort avec des chambres modernes et bien équipées. Il dispose à la fois d'une plage privée et de deux piscines (adultes et enfants).

Hydra

Plus de 150 €

12 Bratsera – **E3** - *R. Tombazis - proche du centre* - ✆ *229 80 53 971* - *www.bratserahotel.com* - *26 ch. 170/260 €* - . Installé dans une fabrique d'éponges désaffectée, cet hôtel est le plus beau d'Hydra : murs en pierre, poutres aux plafonds et sol dallé d'origine. Décorées avec goût, les chambres, au calme, ont un charme fou : de la plus petite, perchée en haut d'un escalier intérieur, à la plus spacieuse et raffinée. Repas servis dans le patio, au bord de la piscine.

CORINTHE

Loutraki

De 50 à 90 €

13 Segas – **D2** - *8 r. Ag. Ioannou - derrière l'hôtel Possidonion* - ✆ *274 40 22 623* - *www.hotelsegas.com* - *23 ch. 45 €* . Dans une charmante rue pavée menant à l'église, l'hôtel de la famille Segas propose des chambres simples et confortables, qui s'ouvrent sur la verdure ou la montagne. Agréable salon où est servi le petit-déjeuner.

Ancienne Corinthe

De 40 à 90 €

14 Vasilios Marinos Rooms – **D2** - *À droite apr. la rte menant à l'Acrocorinthe* - ✆ *274 10 31 994/004* - *marinos-rooms.gr* - *10 ch. 50 €* - . Des chambres sans prétention, néanmoins agréables et calmes. Grand studio pour cinq personnes. Bon accueil. Taverne réputée pour sa cuisine familiale.

MYCÈNES

Moins de 50 €

15 Pandelis Rooms – **D2** - *Sur la gauche en entrant dans le village* - ✆ *275 10 76 360* - *6 ch. 40 €* . Chambres modestes mais bien tenues. Choisissez de préférence celles situées à l'arrière.

ARGOLIDE

Nauplie

Plan **p. 48-49**

De 50 à 90 €

16 Byron – **D2** - *2 r. Platonos* - ✆ *275 20 22 351* - *www.byronhotel.gr* -

17 ch. 60/70 € ☕. Reconnaissable à son élégante façade ocre percée de fenêtres colorées, cet hôtel de charme tout en hauteur est un des fleurons de l'hôtellerie locale. Réservation conseillée.

17 **Kyveli suites** – **D2** - *18 r. Vas. Alexandrou - ✆ 275 20 96 230 - www.kyveli.com.gr - 9 ch. 100/125 €* ☕. Au cœur de la vieille ville, des chambres de charme aménagées avec goût. Les hôtes poussent le raffinement jusqu'à proposer des pâtisseries maison préparées à base de produits bio.

18 **Amymone/Adianti** – **D2** - *31 et 39 r. Othonos - ✆ 275 20 99 477 - www.amymone.gr - 17 ch. 70/80 €* ☕. Les deux établissements de Dimitra disposent de chambres charmantes et colorées, avec mobilier en bois peints, plafonds lambrissés et têtes de lits, pour la plupart, signés par l'artiste italien Francesco Moretti. Petit-déjeuner au n° 31, dans le joli salon ou en terrasse.

ÉPIDAURE

Archéa Epidavros

De 40 à 60 €

19 **Mike** – **D2** - *À côté du port, face à la mer - ✆ 275 30 41 213 - www.mike-epidavros.com - 16 ch. 40/60 €* ☕ - ✗. Cet hôtel posé sur le petit port abrite des chambres convenables et dotées de balcons, certaines ayant la vue directe sur la mer. La même famille possède d'autres établissements dans les environs (informations sur le site Internet). Elle organise également des sorties en mer et des plongées.

CÔTE ORIENTALE DU PÉLOPONNÈSE

Leonidio

Moins de 50 €

20 **Dionysos** – **D3** - *Plaka - ✆ 275 70 23 455 - dionysos-leonidio.gr - 14 ch. 50 €, et 1 appart. 6 pers. - pas de petit-déjeuner.* Un hôtel tranquille et agréable établi sur le port, reconnaissable à sa façade bleue. Une des bonnes adresses de la région, très connue. Pensez à réserver en saison.

MONEMVASSIA

Gefyra

De 50 à 90 €

21 **Villa Diamanti** – **D4** - *✆ 273 20 61 196 - villadiamanti.gr - 8 ch. et 2 appart. 50/80 €.* Des chambres d'un bon confort et une cuisine à disposition. Une seconde adresse *(Quartier de Topalti, juste av. Géfira - monemvasia-village.gr - 79/98 €)* propose des bungalows – de jolies maisonnettes de 1 ou 2 chambres dispersées sur une colline d'1 ha – dotés d'une terrasse et avec piscine attenante. Accueil souriant.

Kastro

De 70 à 150 €

22 **Bastione Malvasia** – **D4** - *✆ 273 20 63 007 - bastionemalvasia.gr - 15 ch. 75/110 €* ☕. Établi dans la ville basse, cet hôtel à l'architecture traditionnelle, de pierre et de bois, propose plusieurs types de chambres, de la double standard aux appartements familiaux,

tout confort. La vue est un atout supplémentaire de cet établissement de charme.

23 Malvasia – **D4** - *Réception de l'hôtel dans la r. centrale - ✆ 273 20 63 007 - www.malvasiahotel-traditional.gr/en - 14 ch. 95/150 ☕.* De magnifiques chambres (poutres apparentes, cheminées de pierre...) décorées à l'ancienne, installées dans quatre anciennes maisons dispersées dans la ville. Au pied de l'une d'elles (Ritsou), on trouve un accès cimenté à la mer.

LE MAGNE

Aréopoli

De 50 à 90 €

24 Tsimova – **C4** - *Juste derrière l'église des Taxiarques - ✆ 273 30 51 301 - - 5 ch. 60 €.* Dans une authentique tour maniote, vous apprécierez la chaleur de l'accueil et le décor kitsch, dans lequel s'affichent les souvenirs de guerre du grand-père.

KALAMATA ET SES ENVIRONS

Kalamata

De 50 à 90 €

25 George – **C3** - *À l'angle des r. Dagre et Frantzi, juste à côté de la gare - ✆ 272 10 27 225 - 7 ch. 60/80 €.* Ce petit hôtel, propre et bien aménagé, est vite plein l'été, mais aussi le week-end.

26 Rex – **C3** - *26 r. Aristoumenous - ✆ 272 10 22 334 - www.rexhotel.gr - 42 ch. et 2 suites 90 € ☕ - ✗.* Détruit par le séisme de 1986, l'illustre hôtel Panhellinion a rouvert ses portes en 1999, cent ans après sa création. Il a retrouvé son fastueux décor d'antan, ses vérandas fin de siècle et son confort luxueux.

Plus de 150 €

27 Elite City Resort – **C3** - *237 av. Navarinou, angle r. Verga - ✆ 272 10 22 434 - www.elite.com.gr - - 57 ch. et 87 bungalows (2 à 5 pers.) 90/190 € ☕ - ✗.* Entouré d'arbres, cet hôtel est bien plaisant : claires, propres et confortables, toutes les chambres disposent d'un balcon donnant sur la plage.

Sparte

De 90 à 150 €

28 Menelaion – **C3** - *91 r. K. Paléologou - ✆ 273 10 22 161 - www.menelaion.gr - ♿ - 48 ch. 95/120 € ☕ - ✗.* Très bien placé, cet hôtel possède des chambres et des salles de bains spacieuses, des fenêtres à double vitrage et, surtout, une piscine *(7h-19h en sais.)*. Décor traditionnel. Le restaurant de l'hôtel est l'une des bonnes adresses de Sparte.

PÉNINSULE DE METHONI

Methoni

Moins de 50 €

29 Castello – **B4** - *Non loin de la citadelle, à 50 m de la mer - ✆ 272 30 31 300 - www.castello.gr - 13 ch. 40/50 € - ☕ 5 €.* Cet hôtel, avec jardin, dispose de chambres simples et propres. Accueil sympathique. Les animaux sont acceptés. Bonne adresse.

Pylos

De 90 à 150 €

30 **Karalis Beach** – **B3** - *Entre la forteresse et la plage - ✆ 272 30 23 021 - karalisbeach.gr - 14 ch. 104/160 €* ☕. Sans doute le meilleur hôtel de la ville, fort bien situé : à l'extrémité d'une route, entouré de pins, au pied de la forteresse et à 20 m de la mer. Les chambres possèdent de grandes salles de bains et un balcon lorsqu'elles donnent sur la mer. Un petit bar en terrasse est une invitation à boire un verre face au paysage.

OLYMPIE ET LES MONTAGNES DE L'ÉLIDE

Olympie

Moins de 50 €

31 **Kronio** – **B2** - *1 r. Tsoureka - ✆ 262 40 22 188 - www.hotelkronio.gr - 25 ch. 47 €* ☕ - ✕. L'un des meilleurs rapports qualité/prix de la ville. Bon confort, chambres avec balcon et pratique, à l'angle de la rue principale.

Dimitsana

De 50 à 90 €

32 **Xenonas Enastron** – **C2** -*Dans le village - ✆ 279 50 31 428 - www. xenonasenastron.gr - 3 ch. 90 €* ☕. Après de nombreuses années à Athènes, Dimitris et Dora sont retournés dans la région pour ouvrir ces magnifiques chambres d'hôte, très bien équipées, particulièrement confortables et décorées par un architecte. Petit-déjeuner savoureux, concocté par la maîtresse de maison et servi dans le chaleureux salon.

CÔTE NORD DU PÉLOPONNÈSE

Hlemoutsi/Kastro

De 50 à 90 €

33 **Paradise** – **A2** - *Le long d'une petite route, entre Kastro et Kilini - ✆ 262 30 95 450 - www. killiniparadisehotel.com -* 🏊 *- 40 ch. 60 €.* Un établissement moderne et agréable, avec une grande piscine et une aire de jeux pour enfants. Ski nautique et parachute ascensionnel au club voisin.

DELPHES

Delphes

De 50 à 90 €

34 **Pitho** – **C1** - *40a r. Pavlou & Friderikis - ✆ 226 50 82 850 - www. pithohotel.gr - 8 ch. 54/60 €* ☕. Tenu par un couple sympathique, cet hôtel dispose de chambres agréables qui s'ouvrent, pour la plupart, sur la petite cour fleurie à l'arrière. Terrasse commune au 3e étage, avec vue sur la mer.

Arahova

De 50 à 90 €

35 **Lykoria** – **C1** - *À 300 m dans une rue à droite à la sortie du village vers Delphes - ✆ 226 70 31 180 - www. likoria.gr -* 🅿 *- 28 ch. 73/80 €* ☕. Un petit hôtel confortable. Agréable terrasse donnant sur la vallée pour deux des chambres.

CARNET PRATIQUE

Carnaval de Patra.
W. Bibikow/age fotostock

Préparez votre voyage

Formalités d'entrée

Les informations qui suivent sont fournies à titre indicatif. Il est conseillé de vous assurer auprès de la représentation diplomatique grecque de votre pays des conditions en vigueur au moment de votre voyage.

Papiers d'identité – Pour les ressortissants de l'Union européenne et de la Suisse, carte d'identité ou passeport en cours de validité. Les ressortissants hors Union européenne et hors Suisse devront fournir un passeport valide.

Visa – Les ressortissants de l'Union européenne, de la Suisse et du Canada n'en ont pas besoin.

Douane – En vertu de l'accord de Schengen, aucun contrôle n'est effectué lors du passage de la frontière avec l'un des États de l'Union européenne. Si vous arrivez d'un pays ne faisant pas partie de l'Union européenne, vous devez passer la douane et déclarer les marchandises que vous apportez.

Venir en avion

Voir aussi « Arriver dans le Péloponnèse » p. 3.

Pour rejoindre le Péloponnèse, vous pouvez atterrir à Athènes, ou plus pratique encore, en saison, à Kalamata. En été, le prix du vol AR pour Athènes tourne autour de 350 € (hors bagage) en moyenne. Mais il est possible de trouver des tarifs autour de 200 € (hors bagage) en réservant tôt ou légèrement hors saison.

Les compagnies régulières

En raison de la crise sanitaire, les informations ci-dessous sont données à titre purement indicatif. Consultez les sites Internet des différentes compagnies pour connaître les fréquences des vols **hors saison** et les lignes éventuellement suspendues.

Air France – www.airfrance.fr. À destination d'Athènes : 2-4 vols directs quotidiens de Paris CDG, selon la saison. L'été, également des vols réguliers au départ de Nice.

Aegean Airlines-Olympic Air – fr.aegeanair.com et www.olympicair.com. À destination d'Athènes : 2-3 vols directs quotidiens de Paris CDG ; plusieurs vols quotidiens de Bruxelles, Genève et Zurich ; plusieurs vols/sem. de Bordeaux, Lyon et Nantes. En saison, également de Marseille, Bâle-Mulhouse et Nantes. De Paris-CDG, aussi quelques vols directs pour Kalamata et Thessalonique en saison.

Brussels Airlines – www.brusselsairlines.com. À destination d'Athènes : vols quotidiens au départ de Genève et de Bruxelles.

Swiss – www.swiss.com. À destination d'Athènes : 4 vols/j au départ de Zurich et 3 vols/j de Genève.

Sky Express – www.skyexpress.gr. Liaisons directes entre Athènes et Paris CDG, Bruxelles et liaisons domestiques (tte l'année).

Les compagnies low-cost

Elles proposent des liaisons directes et saisonnières avec Athènes et le continent depuis de nombreuses villes européennes.

Les aéroports de départ et d'arrivée changent chaque année : vérifiez directement auprès des compagnies.

La Grèce est desservie par :

Easy Jet – www.easyjet.com.
À destination d'Athènes : En été seult, 3 vols/sem. au départ de Paris-Orly et Genève.

Transavia – www.transavia.com.
De 1 à 3 vols directs quotidiens Paris Orly-Athènes, selon la saison.

Ryanair – www.ryanair.com.

Tui Fly – www.tuifly.fr.

Edelweiss Air – www.esky.fr.

En été, **Aegean Airlines**, **Brussels Airllnes**, **Edelweiss** (www.esky.fr) **Swiss** et **Tui Fly** (www.tui.fr) proposent des liaisons avec Kalamata au départ de Paris CDG, Nantes, Lille, Bruxelles, Genève, Zurich et Athènes.

Comparateurs de vol

Consultez l'un des sites suivants : www.bourse-des-vols.com ; www.expedia.fr ; www.govoyages.com ; www.liligo.fr ; www.opodo.fr...

Venir en train

Sachez que le trajet est interminable et plus coûteux que l'avion. Il faut compter plus de 20h de Paris à Brindisi (Italie), où l'on prend un bateau pour Patra, puis un train jusqu'à Athènes. De plus, il n'y a pas de billet combiné train/bateau ; il faut réserver la traversée entre Brindisi et Patra auprès d'une compagnie maritime *(réserv. en ligne : www.aferry.com ; www.directferries.fr ; www.ferries.gr)*.

Saisons et climat

La bonne période

Printemps – À partir de la mi-avril, la floraison est splendide, le ciel s'éclaircit, mais les nuits restent fraîches. La période idéale se situe de fin mai à fin juin (c'est alors le plein été sans ses températures excessives, ni ses vents violents).

Été – Évitez de venir de la mi-juillet à la fin août. Les hébergements et restaurants sont surchargés, les sites archéologiques écrasés de chaleur.

Automne – Septembre est aussi agréable que juin. L'été se prolonge jusqu'à la mi-octobre. Les jours raccourcissent et quelques pluies orageuses ravivent la végétation.

Hiver – La température moyenne en janvier est de 11 °C, mais on déjeune en terrasse les jours de soleil. Attention, beaucoup d'hôtels et de restaurants ferment à cette période.

Vêtements à prévoir

Un **coupe-vent** peut être utile, même en été, pour supporter les fraîcheurs d'altitude du soir ou pour circuler à deux-roues.

Pour visiter les monastères et autres lieux saints, il est nécessaire de porter des **vêtements longs**, pour les femmes comme pour les hommes, couvrant bras et jambes.

Des **chaussures de marche légères** sont recommandées pour visiter certains sites escarpés comme Delphes.

Argent

L'unité monétaire est l'**euro** (€).

Cartes bancaires – Sauf rares exceptions (dans certaines ouzeries et tavernes à l'ancienne, petites pensions et chambres chez l'habitant), elles sont acceptées dans les hôtels, les restaurants, les stations essence, et la plupart des commerces. Les distributeurs de billets sont nombreux, même dans les localités modestes. Quel que soit le moyen de paiement, la loi oblige les commerçants à délivrer une facture à leurs clients, même dans les petits kiosques (*periptero*).

Change – Possible dans les banques ou bureaux de change, mais il est parfois plus rapide de retirer de l'argent directement à un distributeur.

En cas de perte de votre carte bancaire, voir encadré « Pas de panique ! » p. 139.

Budget

Le coût de la vie en Grèce est plutôt inférieur à celui de la France, sauf à Athènes où il est comparable. Voici quatre catégories de budget quotidien pour une personne, sur la base d'un séjour pour deux en haute saison.

Minibudget – Hébergement en camping ou chez l'habitant, restauration sur le pouce ou pique-nique, voyage en bus : **autour de 50 €**.

Petit budget – Hébergement chez l'habitant, dans les pensions ou les hôtels modestes, repas complet en taverne, pique-nique, transports en commun : **autour de 80 €**.

Budget moyen – Hébergement dans un petit hôtel ou une pension de charme, deux repas au restaurant, déplacements en voiture de location de petite catégorie : **autour de 120 €**.

Budget « petite folie » – Hébergement dans un grand hôtel ou en villa, repas dans les meilleurs restaurants, déplacements en voiture de location : **plus de 300 €**.

Pour en savoir plus

Offices de tourisme

En France – Office hellénique du tourisme - 3 av. de l'Opéra - 75001 Paris - ✆ 01 42 60 65 75 - fermé au public, seult accueil téléphonique : lun.-vend. 10h-17h (16h vend.).

En Grèce – EOT central d'Athènes - 18-20 r. Dionysiou-Areopagitou - ✆ 210 33 10 392/716/347 - **www.visitgreece.gr** (brochures téléchargeables) - 8h-19h, dim. 9h-17h. Beaucoup d'informations (en anglais).

Sites Internet

odysseus.culture.gr – Ministère de la Culture : liste et infos sur les sites et musées nationaux (en anglais ou grec).

www.thisisathens.org – Guide officiel de la ville d'Athènes. Informations pratiques, adresses et agenda culturel.

www.info-grece.com – Informations quotidiennes (en français).

www.greeka.com — Hébergement, restaurants et événements culturels.

www.greece-is.com – Un site moderne et complet (en anglais) pour découvrir le pays aujourd'hui.

vivreathenes.com – Tenu par deux Françaises qui partagent leurs coups de cœur dans la capitale.

Votre séjour de A à Z

Ambassades et consulats

France – 5-7 av. Vassilissis-Sophias - Athènes - ✆ 210 33 91 000 ou 210 33 91 200 (urgences seult) - accueil du public à la section consulaire : 6 r. Akadimias, lun.-vend. 8h30-13h30 (sur RV uniquement) - gr.ambafrance.org.

Belgique – 3 r. Sekeri - Athènes - ✆ 210 36 17 886/887 - greece.diplomatie.belgium.be/fr.

Suisse – 2 r. Lassiou - Athènes - ✆ 210 72 30 364/66 - www.eda.admin.ch.

Canada – 48 r Ethnikis Antistaseos - Athènes - ✆ 210 72 73 400 - www.international.gc.ca.

Décalage horaire

La Grèce est en avance de 1h sur la France, en hiver comme en été. Lorsqu'il est 10 heures dans le Péloponnèse, il est 9 heures à Paris.

Eau potable

Sauf mention contraire, l'eau du robinet est potable partout, mais très rarement servie au restaurant.

Électricité

Les prises électriques sont semblables aux françaises (220 volts).

Handicap

Que ce soit à Athènes ou dans le reste du pays, il n'existe, en dehors de certains hôtels de construction récente, que très peu d'infrastructures adaptées aux personnes handicapées. Vous pourrez davantage compter sur l'amabilité et la gentillesse des habitants que sur des installations ad hoc. N'espérez pas pouvoir vous rendre sur les principaux sites archéologiques.
Exception notable, l'Acropole à Athènes, où un ascenseur spécial permet d'accéder au Parthénon.
La plupart des musées sont adaptés, ainsi que les stations de métro les plus récentes.

Horaires

Les **administrations** et les **établissements publics** ferment l'après-midi.
En général, les **musées**, **monuments et principaux sites touristiques** sont ouverts du 1er avr. au 31 oct. 8h-20h ; reste de l'année : 8h30-15h.
Les **monastères** et les plus **petits musées** ont des horaires variables qui, lorsqu'ils sont affichés, ne sont pas toujours respectés. Hors saison, renseignez-vous.
Les **églises** diocésaines (où les popes célèbrent quotidiennement la liturgie) ouvrent dans la matinée et parfois en fin d'après-midi ou le soir ; les plus importantes sont ouvertes la journée.
En ville, les **magasins** ouvrent généralement du lundi au samedi de 9h à 20h. Certains ferment entre 13h et 15h. Les magasins d'alimentation sont ouverts tous les jours (8h-20h ou 21h, sf dim.). Dans les quartiers touristiques, les autres commerces sont généralement ouverts tous les

jours jusque tard le soir. Le dimanche, les pâtissiers (dont de nombreux boulangers) et les cavistes sont ouverts, quelquefois jusque vers 20h. Les **banques** sont ouvertes du lun. au vend. le matin (8h-14h - fermé w.-end et j. fériés). Les guichets traitent les demandes des clients qui se sont présentés avant la fermeture des portes de l'établissement ; aussi, si vous êtes dans la file d'attente, patience. Et n'oubliez pas de prendre un numéro de passage.
Les **bureaux de poste** sont ouverts en semaine : lun.-vend. 7h30-14h.

Gratuité

Bon à savoir, les musées et sites archéologiques nationaux sont gratuits les jours suivants :
6 mars (journée « Melina Mercouri ») ;
5 juin (journée de l'Environnement) ;
18 avril (journée des Monuments historiques) ;
18 mai (journée des Musées) ;
dernier week-end de septembre (journée de l'Héritage européen) ;
27 septembre (journée du Tourisme) ;
28 octobre (jour du « Non ») ;
1er dimanche de chaque mois, sauf les mois de juillet, août et septembre.
☺ Beaucoup de sites, à commencer par l'Acropole, à Athènes, sont gratuits pour les moins de 18 ans. Réductions fréquentes pour les + 65 ans.

Jours fériés

1er janvier : Jour de l'an.
6 janvier : Théophanie (Épiphanie).
Lundi Pur (*Kathari Deftera*) : 41 jours avant la Pâque orthodoxe, soit les 27 février 2023 et 18 mars 2024.

Pas de panique !
Appel d'urgence européen : ✆ 112.
Police touristique : ✆ 1571.
Assistance routière : ✆ 10400.
Police secours : ✆ 100.
Samu : ✆ 166.
Urgences médicales : ✆ 210 74 60 000.
Médecins 24h/24 : ✆ 1016.
Hôpitaux permanence : ✆ 14944.
Infos médicales : ✆ 210 89 83 146. (en anglais)
Pompiers : ✆ 199.
Pharmacie de garde : ✆ 14944.
Perte carte bancaire : ✆ 173.
Amex : ✆ 00 33 1 47 77 72 00.
Visa : ✆ 00 800 11 638 0304.
Master Card : ✆ 00 800 11 887 0303.

25 mars : fête de l'Indépendance.
Pâque orthodoxe : dimanche 16 avril 2023, 5 mai 2024, ainsi que le vendredi qui précède et le lundi qui suit.
1er mai : fête du Travail.
Pentecôte orthodoxe : le lundi suivant le 7e dimanche après Pâques, soit les 5 juin 2023 et 24 juin 2024.
15 août : Assomption.
28 octobre : Fête nationale du « Non ».
25 et 26 décembre : Noël.

Langue

La particularité de l'alphabet grec et la nécessité pour la Grèce de s'adapter à ses nombreux visiteurs ont rendu indispensable, depuis une trentaine d'années, l'usage de **transcriptions en alphabet latin** pour les toponymes locaux. Dans un souci de clarté et d'unification, l'État grec a adopté une norme unique, la norme ELOT 743. Cette harmonisation s'effectue à plusieurs vitesses et il n'est pas rare de trouver des modes de translittération différents.

Location de voiture

« Voiture », p. 146.

Nous vous conseillons vivement de réserver avant de partir. Le plus pratique est de vous rendre sur les sites **www.bsp.com** ou **www.carigami.fr** qui proposent les meilleures offres. Ainsi vous êtes assuré d'éviter les mauvaises surprises sur tarifs et assurances.

Attention aux sociétés *low-cost* qui imposent d'emprunter une navette jusqu'à leurs locaux et facturent la moindre éraflure si vous n'avez pas pris l'option « remboursement de franchise ». La formule de remise avec réservoir vide est à éviter absolument (plein d'essence surfacturé).

Si vous souhaitez réserver sur place, il existe toutes sortes d'agences de location, plus ou moins sérieuses. Les compagnies internationales comme Hertz, Avis, Europcar, Budget, offrent les meilleures garanties, mais elles sont plus chères.

Les tarifs varient considérablement en fonction du lieu, de la saison, de la durée de location et du modèle. Dans tous les cas, comparez les prix et vérifiez soigneusement l'état du véhicule que l'on vous loue.

Presque toutes les compagnies internationales de location de voitures ont un bureau à Athènes, Kalamata et Patra.

Médias

Journaux

Pour suivre l'actualité locale, avec notamment le programme culturel, un journal local est encore publié en anglais : l'édition anglophone (4-8 pages) du quotidien grec *Kathimerini*, tous les jours avec l'*International Herald Tribune*.

Radio et télévision

Gros consommateurs de télévision, les Grecs disposent d'une dizaine de chaînes privées, mais qui diffusent souvent des films anglophones en VO le soir.

De nombreux hôtels reçoivent les chaînes francophones **TV5** et **France 24**, ainsi que les canaux internationaux de la BBC et de CNN. Côté radio, **Radio France International** émet sur 104.4 FM à Athènes et en ondes courtes dans le reste du pays.

Offices de tourisme

EOT - 18-20 r. Dionysiou-Areopagitou - Athènes - ✆ 210 33 10 392/716/347 - www.visitgreece.gr ou www.thisisathens.org - 8h-19h, dim. 9h-17h. Le bureau d'information de l'Office national hellénique du tourisme (EOT) à Athènes, dispose de beaucoup d'informations sur la capitale et les moyens de transport, vers le Péloponnèse notamment.

Dans le **Péloponnèse**, les bureaux d'informations touristiques sont peu efficaces, avec des horaires irréguliers et un personnel ne parlant pas toujours anglais. Dans certaines localités, il peut y avoir plusieurs offices : ceux directement gérés par les villes et ceux gérés par l'EOT *(voir ci-dessus).* À défaut, les agences de voyages locales privées prennent le relais.

Plage

De très nombreuses plages du Péloponnèse bénéficient du fameux « Pavillon bleu » européen.
Parmi les plus belles, citons **Paralio Astros** *(voir p. 56)*, et surtout **Golden Beach** *(voir p. 86)* à Loutra Kilinis, et **Voïdolika** *(voir p. 75)* dans la péninsule de Methoni.
Carte interactive sur le site www.blueflag.global (en anglais).

Poste

Les **bureaux de poste** grecs se reconnaissent à leur panneau jaune portant l'inscription **ELTA** et figurant le profil d'Hermès (messager des dieux antiques).
Vous pouvez acheter des **timbres** *(grammatósima)* aux guichets des postes et dans certains kiosques. Compter 2 € pour un envoi express vers la France.

Pourboire

On ne vous réclamera jamais de pourboire. Mais, comme ailleurs en Europe, vous pourrez laisser quelque chose au café et au restaurant.
À l'égard des chauffeurs de taxi, l'habitude est d'arrondir à leur avantage.

Randonnée et écotourisme

Le Péloponnèse se prête bien aux randonnées, notamment dans les montagnes de l'Élide et dans le massif du Taygète, qui culmine à 2407 m.

À défaut de réussir à dénicher le fascicule **Ecotourism in Greece**, édité par le ministère du Tourisme – qui détaille les itinéraires, la faune et la flore des principales régions naturelles de Grèce continentale –, vous pouvez acheter une carte éditée par Anavasi (du 1/10 000e ou 1/50 000e ; en vente en ligne sur anavasi.gr) de la région désirée.
ecotourism-greece.com – En anglais. Nombreuses idées d'activités sportives et découvertes, ou d'excursions gastronomiques, classées par régions.

Restauration

Voir aussi « Se restaurer », p. 100.

Horaires

Les Grecs ont pour habitude de manger tard : le déjeuner se déroule aux alentours de 14h, et le dîner, rarement avant 21h ou 22h. Ouvertes toute la journée, les tavernes ne refuseront jamais de vous servir en plein après-midi ou très tard le soir.

Desserts

Les restaurants ne proposent pas de dessert. Toutefois l'influence touristique tend à faire changer les habitudes et dans beaucoup de tavernes une petite douceur, voire un digestif, vous sont souvent offerts au moment de l'addition.

Addition

Le couvert et le pain (env. 1 €/pers.) sont toujours facturés en sus. Dans les lieux touristiques, il est habituel que l'on vous dépose une bouteille d'eau minérale sur la table – que vous pouvez refuser – mais qui ne vous sera facturée qu'environ 1,50 €.

Il n'est pas usuel de partager la note en fonction de ce que chaque convive a mangé, puisque la commande se fait en commun (plats à partager)… À la taverne, laissez-vous inviter ou invitez !

Santé

La **carte européenne d'assurance-maladie**, délivrée en France en 2 semaines minimum par votre caisse d'assurance-maladie, donne droit aux soins hospitaliers gratuits sur place et au remboursement des autres frais à votre retour (à défaut, attestation provisoire disponible en ligne sur www.ameli.fr). N'oubliez pas de vérifier que vous bénéficiez bien d'une assurance rapatriement.

Aucune maladie particulière n'est à craindre en dehors de la « tourista ». En revanche, protégez-vous contre les **insolations**. En été, une trop longue exposition au soleil peut entraîner brûlures, nausées et maux de tête. Pensez à couvrir vos épaules, ainsi que votre tête. Hydratez-vous régulièrement.

Savoir-vivre

Hospitalité

Les Grecs entretiennent un vrai sens de l'hospitalité, fidèles à la tradition qui veut qu'un voyageur soit accueilli comme un invité. C'est d'ailleurs toute la riche dualité du terme *xenos*, qui signifie à la fois « étranger » et « hôte ». Dès votre arrivée, vous apprécierez la spontanéité avec laquelle les Grecs vous recevront, n'hésitant pas à vous aider, chacun utilisant le vocabulaire étranger qu'il connaît. En échange, remerciez-les d'un chaleureux *efkaristo poli* (merci) et d'un *ya sas* (au revoir) en partant.

Les Grecs sont également de **fervents patriotes** et tirent une grande fierté de leurs racines, de leur culture et de leur terre. La crise économique de 2009-2019, qui a frappé durement la population, est souvent vécue comme une atteinte à l'orgueil national : soyez respectueux en abordant ce sujet, de même avec un autre sujet sensible comme les relations gréco-turques.

Sécurité

Il y a encore quelques années, Athènes et l'ensemble de la Grèce étaient l'une des destinations les plus sûres d'Europe. Les règles de prudence de base pour tout voyageur doivent tout de même être respectées : pas de sac à main à demi ouvert ou posé sans surveillance…

À Athènes, la nuit, il est recommandé d'éviter les abords de la place Omonia, du Musée archéologique national et ceux de la gare centrale.

En cas de nécessité, dirigez-vous d'abord vers la police touristique (43-45 r. Veïkou - ✆ 210 92 00 724-26-27) où l'on pratique un peu d'anglais ou composez le ✆ 1571.

Séisme

La Grèce (et en particulier le sud du Péloponnèse et la région de Corinthe) est régulièrement frappée par des tremblements de terre, car elle se situe sur des lignes de faille. Les bâtiments répondant aux normes antisismiques, les dégâts sont faibles en règle générale.

Souvenirs

Antiquités

L'exportation d'antiquités est formellement interdite : tout ce qui a plus de cent ans ne doit pas quitter le sol grec. La loi est très sévère.

Artisanat

On peut trouver des magasins d'artisanat traditionnel de qualité : poteries et céramiques, tapis et tissages, tricots, vêtements, **broderies**, **bijoux**, bois tournés ou sculptés, **sculptures** en marbre ou en onyx, reproduction d'**icônes**.
À Athènes, on trouve aussi un grand choix de sandales et de sacs en cuir, sans oublier le fameux **komboloï** (le « chapelet » que les vieux Grecs égrènent à tout moment).

Spécialités culinaires

Miel, huile d'olive, confiture de figues et de cerises, *amigdalota* (sorte de macarons), *kourabiedes* (gâteaux aux amandes), pistaches, *halva* (sorte de fin nougat aux amandes ou aux pistaches), *pasteli* (pâte de graine de sésame au miel), vins, alcools : les gourmands trouveront toutes sortes de produits à rapporter.

Taxi

Les taxis (jaunes à Athènes ; couleur spécifique à chaque ville) pratiquent des tarifs sensiblement moins élevés qu'en France. Il arrive parfois que le chauffeur prenne d'autres passagers allant dans la même direction. Vous pouvez demander une estimation du prix avant de monter et vous assurer que le compteur est activé.

Téléphone

Appels vers la Grèce – Composez d'abord le 00 30, puis le numéro à 10 chiffres de votre correspondant.
Appels depuis la Grèce –
– vers la France, composez le 00 suivi du 33, puis le numéro de votre correspondant (sans le 0 initial).
– vers la Belgique : 00 32 + n° du correspondant ; – vers le Luxembourg : 00 352 + n° du correspondant ; – vers la Suisse : 00 41 + n° du correspondant.
Appels locaux – Tous les numéros comportent 10 chiffres. Les indicatifs de ville ou de région sont inclus dans le numéro lui-même. Vous devez donc composer tous les chiffres fournis, même si, par habitude, certains continuent de séparer l'indicatif avec des parenthèses.
Téléphones portables – Depuis 2017, les frais d'itinérance n'existent plus au sein de l'Union européenne. Un Européen en déplacement dans un autre pays membre de l'Union ne paie donc aucun surcoût sur ses appels, ses SMS et sa connexion Internet.

Transports

Dans le Péloponnèse

Les informations pratiques sont indiquées en début de chaque chapitre, dans « Accès ».
Bus (KTEL) – Très développé, ce moyen de transport est souple (nombreux départs), bon marché (comparable au train) et généralement plus rapide que le rail. Des lignes relient Athènes aux principales localités du Péloponnèse. Vous n'aurez pas de

mal à circuler dans la région en bus. On achète le billet avant le départ dans les gares routières ou auprès des petits kiosques qui jouxtent les arrêts principaux. S'il n'existe aucun site Internet centralisant les informations et horaires, chaque région a sa propre compagnie et un site (pour le trouver sur Internet, saisissez « Ktel », suivi du nom de la localité). On peut parfois acheter des billets en ligne.

Train (Hellenic Train) – Le réseau ferré, peu développé dans le Péloponnèse, permet de faire deux petites liaisons intérieures : de Diakofto à Kalavrita, par un chemin de fer à crémaillère ; et de Katakolo à Olympie.

En revanche, le *proastiakos* relie Athènes à Corinthe quotidiennement (10/j). Rens. : **www.hellenictrain.gr**.

Avion – Kalamata *(voir p. 3)* et Patras disposent toutes deux d'aéroports. Des vols d'**Aegean Airlines** (fr.aegeanair.com) ou d'**Olympic Air** (www.olympicair.com) les relient à Athènes. Certaines liaisons intérieures sont aussi assurées par **Sky Express** (www.skyexpress.gr) et **Astra Airlines** (www.astra-airlines.gr).

À Athènes

www.athenstransport.com/english/

Depuis 2018, l'**Ath.ena Ticket**, support magnétique de transport rechargeable et anonyme, valable sur l'ensemble du réseau (bus, trolley, métro, tramway, sf aéroport), a remplacé les tickets papiers : **www.athenacard.gr** - achat et recharge en caisse automatique ou aux guichets : 1,20 €/90mn ; 4,10 €/j ; ou 8,20 € pour 5 jours.

Dans le **métro**, il suffit de présenter sa carte sur le capteur des barrières automatiques. Dans le bus et le tram, la carte doit être placée devant la borne bleue à chaque passage ; un signal sonore confirme la validité. Après validation, vous pouvez voyager pendant 1h30 sur l'ensemble du réseau (bus, trolley, métro et tramway ; aéroport exclus).

Le « **3 Days Tourist Ticket** » (20 €) inclut 72h d'utilisation des transports ainsi que le trajet AR vers l'aéroport.

En métro – stasy.gr - 5h30-0h. Avec trois lignes, c'est, de loin, le moyen de transport le plus rapide et le plus efficace.

En bus – www.oasa.gr. **Bus bleus** (centre et périphérie - 5h-23h30) et **trolleybus** (centre - 5h-0h).

En tramway – www.stasy.gr. Nettement moins rapide que le métro, un tramway part de Syntagma, rejoint la côte et se divise pour aller à l'est jusqu'aux abords du Pirée, à l'ouest au-delà de Glifada.

Visites et excursions

Visites guidées à Athènes

Corporation des guides diplômés – www.tourist-guides.gr. Pour un guide privé francophone.

Athens Open Tour – ✆ 210 88 15 207 - www.athensopentour.com. Bus à impériale pour découvrir la ville en 90mn, avec possibilité de s'arrêter à chacun des 14 points touristiques pour reprendre le bus suivant, audioguides en 12 langues.

Athens Insiders – ✆ 211 79 09 879 - athensinsiders.com. Des visites thématiques intéressantes (Athènes avec des enfants, circuits gastronomiques...).

DÉCOUVREZ LE PLAN DE VOTRE PROCHAINE DESTINATION

AMSTERDAM • BARCELONE • BANGKOK • BERLIN • BRUXELLES • BUDAPEST • FLORENCE • LISBONNE • LONDRES • MADRID • MILAN • MOSCOU • NAPLES • NEW YORK • PARIS • PORTO • PRAGUE • ROME • SÉVILLE • SHANGHAI • TOKYO • VENISE • VIENNE •

MICHELIN

Dans le Péloponnèse

Grèce Autrement – ✆ 07 85 01 57 61 - https://greceautrement.fr. Panagiotis Grigoriou, ethnologue et historien, propose de découvrir autrement le Péloponnèse où il réside, dans le cadre d'autotours insolites.

Excursions en mer

Le Péloponnèse se prête à des excursions en bateau dans les îles et les îlots.

De la péninsule d'Argolide – Vous rejoindrez les îles d'Hydra et d'Égine.

Du port de Nauplie – Des caïques proposent des balades en mer, en particulier autour de l'îlot Bourdzi.

De la plage de Tolos – **Pegasus Cruises** - ✆ 275 20 59 430 - www.pegasus-cruises.gr. Cette compagnie propose des croisières d'une journée en été dans les îles du golfe Saronique et à Monemvassia.

De la péninsule de Methoni – Promenades en caïque dans la rade de Navarin/Pylos (de 4 à 5h) : informations au kiosque situé au milieu du port de Méthoni.

Voiture

« Location de voiture », p. 140.

Permis de conduire – Pour conduire, vous devez disposer de votre permis de conduire national (ou international pour les ressortissants hors Union européenne et hors Suisse) et, si vous amenez votre propre véhicule, de la carte verte d'assurance internationale, valable dans les pays traversés.

Cartes routières – La carte routière Michelin **National 737**, au 1/700 000, couvre l'ensemble du pays.

Panneaux de signalisation – Ils sont souvent indiqués en grec et en anglais sur les grands axes, en grec sur les petites routes. En dehors des routes principales, la signalisation est souvent imprécise ou absente.

Code de la route – Il est le même qu'en France. Il est toutefois courant de rouler sur la bande d'arrêt d'urgence pour laisser passer les véhicules qui veulent doubler. L'usage veut de ne pas marquer systématiquement l'arrêt à un stop.

Garer sa voiture en ville – Se garer dans la plupart des villes grecques tourne vite au cauchemar ; des parkings payants, plutôt chers, existent, mais dans la journée, les places sont rares. Aussi, il est recommandé d'organiser ses visites à pied pour éviter les problèmes de trafic et de stationnement.

Les warnings sont utilisés pour indiquer que l'on se gare, plutôt que les clignotants.

Agenda culturel

Rendez-vous annuels

Janvier

▶**Theopháneia** – 6 janv. Théophanie (Épiphanie), bénédiction des eaux de la mer, des rivières et des lacs. Le pope lance une croix dans l'eau. Le jeune qui la repêche sera chanceux toute l'année durant.

Février-mars

▶**Carnaval, Patra** – De mi-janv. au mercredi des Cendres. Le plus important et le plus célèbre carnaval de Grèce (Apókria) : défilé de chars et parade monstre le dernier dimanche de la fête.

▶**Carnaval masqué et déguisé, Athènes** – 3 sem. jusqu'au Lundi pur. Dans les rues de Plaka.

▶**Jour du Lundi pur, Athènes** – 41 j. av. la Pâque orthodoxe ; voir *« Jours fériés », p. 139*. Chants et danses populaires près du temple de Zeus ; concours de cerfs-volants sur la colline de Philopappou.

Mars

▶**Jour de l'Indépendance** – 25 mars. Cérémonies officielles et, les années paires, grand défilé militaire qui descend la rue Akademias.

▶**Festival du cinéma francophone, Athènes** – Fin mars-déb. avr. Les films sont projetés dans des cinémas locaux ainsi qu'à l'auditorium Theo-Angelopoulos de l'Institut français - www.festivalfilmfrancophone.gr/fr/.

Avril

▶**Vendredi saint** – Dans toute la Grèce, processions de l'*épitafios* pour célébrer la mise au tombeau du Christ.

▶**La Résurrection** – Sam. av. Pâques. Elle est célébrée à minuit, avec des feux d'artifice et des cierges.

▶**Pâques** – 16 avril 2023, 5 mai 2024 - les Pâques orthodoxe et catholique ne coïncident que rarement. Messe de minuit en plein air le samedi. Traditionnellement, les Grecs mangent ce jour-là de l'agneau rôti à la broche. La fête s'accompagne de chants et de danses tout au long de la journée.

▶**Festival international de guitare, Patra** – 4 j. Concerts et masterclasses - www.igfpatras.com.

▶**Fête du village, Arahova** – À partir du 23 avr., pdt 3 j. Processions, banquets, danse folklorique et « course de vieux ».

Mai

▶**Fête du Travail** – 1er Mai. Célébration importante en Grèce, où sont organisées de grandes fêtes des fleurs dans l'ensemble du pays.

▶**Célébration, Mystra** – 29 mai. Commémoration de la mort de l'empereur Constantin Paléologue le 29 mai 1453.

▶**Athens Jazz** – 1 sem. fin mai. Une trentaine d'orchestres de jazz venus de toute l'Europe se produisent à la Technopolis, une ancienne usine à gaz reconvertie en un centre culturel futuriste dans le quartier branché de Gazi - athensjazz.gr.

Mai-octobre

▶**Festival de danses traditionnelles, Athènes** – Mai-oct. Représentations (merc.-sam. 21h30, dim. 20h15) au théâtre Dora Stratou sur la colline de Filopappou. Durant les 90mn d'un spectacle de haute qualité, les 75 danseurs de la compagnie Dora Stratou présentent un panorama des danses régionales de l'ensemble du monde grec.

Juin

▶**Festival Rockwave de Malakasa** – À 37 km au nord d'Athènes. Créé en 1995, le plus grand festival rock de Grèce accueille des pointures internationales. Liaisons en bus et en train à partir d'Athènes, accès rapide par l'autoroute (40mn en voiture). Camping sur place - ✆ 210 88 20 426 - www.rockwavefestival.gr.

▶**Fête de la musique, Athènes** – 21 juin. Comme dans de nombreuses villes européennes, à la différence près qu'ici, la fête a tendance à se prolonger durant plusieurs jours.

Juin-juillet

▶**Realease Athens** – De mi-juin à mi-juil. L'un des plus importants festivals de musique de Grèce : concerts de grandes stars du rock et de musiques actuelles en divers lieux - www.realaseathes.gr.

Juin-août

▶**Festival de théâtre et de musique, Olympie** – Durant tout l'été. Dans le nouveau théâtre d'Olympie, en bordure de la ville.

Festival de cinéma en plein air – Sites archéologiques, parcs, musées et places publiques se transforment en cinémas de plein air : grands classiques, blockbusters ou films d'auteur sont projetés gratuitement - ✆ 210 6018 565 - www.aoaff.gr

▶**Festival, Hlemoutsi** – Festival de théâtre, danse et musique, dans le château.

▶**Festival d'Athènes et d'Épidaure** – Ts les w.-end de fin juin à mi-août. De renommée internationale, ce festival se déroule à Athènes et à Épidaure depuis 1955. À Athènes, les représentations (opéra, musique moderne, musique et ballets classiques, danse contemporaine) se déroulent en plein air dans le **théâtre d'Hérode Atticus** (✆ 210 32 41 807) et d'autres espaces de la ville, dont le très contemporain Pireaus 260. Le **théâtre antique d'Épidaure** prête son cadre prestigieux à du théâtre classique grec, des spectacles lyriques de haut niveau et des pièces contemporaines. Compte tenu de son succès, il est conseillé de prendre ses billets à l'avance. Vente sur place 3h avant le début du spectacle, à l'office du tourisme de Nauplie et à Athènes - aefestival.gr.

Juillet

▶**Pèlerinages** – 19 juil. Pèlerinages aux sommets consacrés à saint Élie, dans toute la Grèce.

▶**Fête de la Libération, Monemvassia** – Pdt 5 j., autour du 23 juil. On fête la libération de la ville de Monemvassia de l'occupation ottomane. Danses et chants traditionnels devant l'église.

▶**Festival international de danse, Kalamata** – 10 j. en juil. Programme et vente des billets à l'office de tourisme - kalamatadancefestival.gr/en/.

Juillet-août

▶**Festival de musique, Nauplie** – De fin juil. à déb. août. Concerts dans plusieurs sites de la ville - www.nafplionfestival.gr.

▶**Delphes** – Manifestations artistiques.

▶**Festival des Marathonissia, Githio** – 15 juil.-15 août. Théâtre, concerts...

Août

▶**Fête de la pleine lune, Athènes** – Nuit de pleine lune en août. L'Acropole et plusieurs autres sites restent ouverts jusqu'au matin, tandis que des orchestres jouent de la musique classique.

▶**Assomption** – 15 août. Fête religieuse célébrant le jour de « l'élévation au ciel » de Marie : cérémonies dans les églises de la capitale et du Péloponnèse.

Septembre

▶**Festival international du film d'Athènes** – 10 j. fin sept, déb. oct. Œuvres méconnues du cinéma indépendant présentées dans différentes salles de la capitale - ✆ 210 60 18 565 - www.aiff.gr.

Octobre

▶**Fête nationale** – 28 oct. Défilés militaires dans les rues d'Athènes.

▶**Navarinia, Pilos** – 20 oct. Commémoration du combat naval de Navarin.

Novembre

▶**Marathon d'Athènes** – 2e dim. du mois. Il suit le parcours historique du soldat Philippidès (490 av.-J.-C.) et se termine dans le stade où ont eu lieu les premiers Jeux olympiques de l'époque moderne en 1896.

▶**Commémoration de la révolte des étudiants à Athènes** – 17 nov. En souvenir de la révolte des étudiants de l'École polytechnique d'Athènes, en 1973, réprimée dans le sang sous la dictature des colonels.

▶**Fête d'Agios Nikonos, Sparte** – 26 nov. Fête du patron de la ville de Sparte.

▶**Procession, Patra** – 30 nov. Procession en l'honneur de saint André.

Décembre

▶**Jour de la mort d'Alexandros Grigoropoulos** – Le 6. Dans le quartier d'Exharia surtout, commémoration de la mort du jeune lycéen de 15 ans, tué lors des émeutes de 2008.

▶**Réveillons** – Le 24 et le 31 déc. De porte en porte, Les enfants chantent des *kalanda* (chants de Noël grecs) tout en s'accompagnant d'un triangle.

▶**Noël** – Outre le 25 décembre, le 26 est également férié en Grèce, mais il est plus courant de s'offrir des cadeaux pour la Saint-Basile, le 1er janvier. On mange alors la *vassilopita*, dans laquelle est cachée une pièce de monnaie ou une fève qui porte chance pour l'année *(« Jours fériés », p. 139)*.

Événements et expositions

Toute l'année, voir la programmation du **Megaron** (www.megaron.gr), de la **Fondation Niarchos** (www.snf.org) et du **Metropolitan Expo** (www.metropolitanexpo.gr).
Consultez la rubrique *What's on ?* du site officiel www.thisisathens.org, ou sur whyathens.com/events/

POUR EN SAVOIR PLUS

Le théâtre d'Épidaure.
saiko3p/Getty Images Plus

Les grandes dates

Avant J.-C.

3200-1900 – Civilisation cycladique.
2700-1200 – Civilisation minoenne.
1600-1100 – Période mycénienne.
8e s. – Homère écrit *L'Iliade* et *L'Odyssée*.
776 – Création des Jeux olympiques à Olympie.
735-734 – Début de la colonisation de l'Italie et de la Sicile.
546 – Les Perses de Cyrus imposent leur souveraineté aux Grecs d'Ionie.
499 – Début des guerres médiques. Révolte des Grecs d'Ionie.
490 – Bataille de Marathon : victoire d'Athènes et Platées face aux Perses.

480-479 – Batailles des Thermopyles, de Salamine et de Platées contre les Perses.
449 – Périclès à la tête de l'État athénien. Début d'un « âge d'or ».
447-438 – Construction du Parthénon.
431-404 – La guerre du Péloponnèse, qui oppose Sparte à Athènes, se conclut par la défaite d'Athènes.
429 – Mort de Périclès.
334-323 – Athènes passe sous le contrôle de la Macédoine. Alexandre le Grand édifie un empire jusqu'en Afghanistan.
197 – Les Romains s'emparent de la Grèce, mais accordent un statut de « ville libre » à Athènes.
86 – Sac d'Athènes par les Romains.

Après J.-C.

27 av. J.-C.-395 apr. J.-C. – La Grèce devient la province romaine d'Achaïe.
330 – Constantinople devient la capitale de l'Empire romain d'Orient
395 – Début de l'Empire byzantin.
476 – Fin de l'Empire romain d'Occident.
5e s. – Transformation des édifices païens en basiliques chrétiennes.
1054 – Schisme des Églises d'Orient et d'Occident.
1204 – Prise de Constantinople par les croisés. Fondation de l'Empire latin.
1453 – Prise de Constantinople par les Ottomans de Mehmet II.
1456 – Prise d'Athènes par les Ottomans qui l'occupent jusqu'en 1833.
1487 – Le Parthénon est bombardé lors du siège d'Athènes par les Vénitiens.
1770 – Soulèvement du Péloponnèse. Répression des Ottomans.
1797 – Napoléon Bonaparte s'empare des îles Ioniennes.
1814 – Fondation du mouvement grec de libération Filiki Eteria.
1821 – Début de la guerre d'Indépendance.
1830 – Traité de Londres reconnaissant l'indépendance de la Grèce.
1896 – Premiers Jeux olympiques modernes organisés à Athènes par le baron Pierre de Coubertin.
1897 – Guerre gréco-turque et défaite de la Grèce.
1912-1913 – Première Guerre balkanique. La Grèce s'empare de Salonique.
1913 – Deuxième Guerre balkanique. La Grèce sort victorieuse mais doit abandonner des territoires, notamment l'Épire du Nord (Albanie).

1919-1923 – La « Grande Catastrophe ». Défaite par les Turcs, la Grèce perd ses territoires d'Asie Mineure et la Thrace orientale ; 1,5 millions de Grecs doivent quitter l'Anatolie, tandis que 500 000 Turcs partent de Grèce.
1924-1935 – Expérience malheureuse de la République.
1936-1941 – Dictature du général Metaxas.
1940-1941 – Guerre italo-grecque. Défaite de l'Italie, puis intervention allemande.
1941-1944 – Occupation par les forces de l'Axe : une large partie du territoire est sous domination italienne ; Athènes est contrôlée par les Allemands.
1946-1949 – La Guerre civile grecque provoque une vague d'émigration.
1951 – Adhésion à l'Otan.
1967-1974 – Dictature des colonels.
1981 – Adhésion de la Grèce à la CEE.
2001 – Adoption de l'euro.
2004 – Deuxièmes Jeux olympiques modernes organisés à Athènes.
2009 – Élections législatives : Georges Papandréou (Pasok) devient Premier ministre et révèle l'ampleur de la dette grecque. Début d'une crise à la fois financière, économique et politique sans précédent dans l'histoire du pays.
2012-2015 – Succession de coalitions. La crise financière se double d'une crise politique et du rejet des partis traditionnels. La gauche radicale (Syriza) s'affirme comme force politique de premier plan.
2015 – Alexis Tsipras (Syriza) devient Premier ministre et conforte son

Yoeml/Getty Images Plus

Manifestation contre les mesures d'austérité, à Athènes.

pouvoir après trois scrutins. De nouvelles tranches d'aide sont votées à Bruxelles en échange de mesures d'austérité.
2018 – La Grèce sort de son 3e plan d'aide, libérée de sa tutelle financière.
2019 – Kyriakos Mitsotakis (ND, droite), devenu Premier ministre, mène une politique néo-libérale musclée et très hostile aux migrants.
2020 – La crise sanitaire fait chuter le tourisme, portant un coup dur à une économie convalescente.
2022 – Le tourisme repart à la hausse.

Art et architecture

À l'évocation d'Athènes et du Péloponnèse, on pense immédiatement à la profusion créatrice de l'Antiquité. Des vestiges de temples, de stades, de théâtres et d'acropoles parsèment le paysage, tandis que les musées conservent pléthore de sculptures et de céramiques. On ne saurait cependant parler d'art grec sans évoquer les civilisations byzantine, latine et ottomane, qui ont largement marqué la région et le pays tout entier.

Les cités mycéniennes : l'œuvre des Cyclopes

Dès l'âge du bronze, les deux grandes civilisations minoenne (en Crête) et mycénienne montrent un art évolué de l'architecture et des traits artistiques originaux.

Les Mycéniens brillent davantage dans l'art de la **fortification**. Ils établissent leurs cités en hauteur et les protègent de puissants remparts, dont le plus bel exemple est la cité de Tirynthe, en Argolide.

Mais ce caractère guerrier n'empêche pas les Mycéniens de développer un art des plus raffinés, notamment dans l'**orfèvrerie**, comme en témoigne le fabuleux trésor dormant dans les 19 tombes royales découvertes en 1876 à **Mycènes** : masques en or, plaques d'or ouvragées, diadèmes, bracelets, bagues, sceptres d'argent doré aux poignées en cristal de roche, poignards damasquinés…

L'architecture antique

Au sortir des Siècles obscurs (1100-800 av. J.-C.), la civilisation mycénienne tombe dans l'oubli. Émerge alors peu à peu une nouvelle société, centrée sur l'appartenance de chaque homme à une **cité**. Le poids de cette communauté va expliquer le peu d'intérêt de l'architecture grecque pour l'habitat particulier au profit des édifices publics. Mais à l'époque archaïque, l'**agora** – la place publique – n'est encore qu'une vaste esplanade dépourvue de tout bâtiment ; les premiers éléments de l'architecture urbaine, les **temples**, n'apparaîtront que dans la deuxième moitié du 8e s. av. J.-C. Jusqu'au 6e s., le sanctuaire consacré aux dieux diffère peu dans son architecture de la demeure des hommes. Une maquette en argile du temple d'Héra à Argos (Péloponnèse) en montre bien les principales caractéristiques : une grande salle rectangulaire *(megaron)* couverte d'un toit à double pente, en avant duquel se trouve un petit porche soutenu par deux colonnes.

La monumentalité

Un premier mouvement vers une architecture monumentale apparaît dans le temple d'Héra à Samos, au tournant des 8e et 7e s., lorsque la salle consacrée à la divinité *(cella)* s'entoure d'une galerie soutenue par des piliers en bois, le péristyle. Mais ce n'est qu'avec la taille de la pierre, surtout du marbre, que les Grecs

miralex/Getty Images Plus

Temple de Zeus olympien, à Athènes.

vont pouvoir donner libre cours à leur génie créateur. Au 6e s. apparaissent ainsi les premières constructions monumentales.
Deux styles s'opposent d'emblée : en Grèce continentale, le **style dorique**, d'inspiration géométrique, obéit à des lois de rigueur et de sobriété, matérialisées par des colonnes sans base et un chapiteau sans décor sculpté. En Asie Mineure, les colonnes de **style ionique** reposent sur une base moulurée et le chapiteau s'orne de deux volutes.
Le premier temple en pierre qui nous soit parvenu est le **sanctuaire d'Artémis** à Corfou (vers 580 av. J.-C.). À sa suite, les ouvrages vont se faire de plus en plus imposants, tel le **temple d'Artémis** à Éphèse – l'une des Sept Merveilles du monde antique.
Mais ces entreprises titanesques atteignent vite les limites du possible. Ainsi en est-il du gigantesque **temple de Zeus olympien** à Athènes, achevé six siècles après le début de sa construction.

Le siècle de Périclès ou l'âge d'or

Avec l'association du sculpteur Phidias et de l'architecte Ictinos pour la construction du **Parthénon**, commandé par Périclès à Athènes (447-432 av. J.-C.), une nouvelle étape est franchie : le temple se démarque désormais par la perfection de ses proportions, l'élargissement de la *cella* et le raffinement du décor.

Céramiques à figures rouges, 5e s. av. J.-C.

Au début du 4e s. av. J.-C., l'**ordre corinthien** s'impose, avec ses feuilles d'acanthe recourbées en volutes sur le chapiteau.

C'est sans doute dans la décoration des **trésors** que s'exprime toute l'étendue du talent des artistes grecs. Ces petits édifices religieux jalonnaient les voies sacrées des grands sanctuaires panhelléniques, comme Olympie et Delphes, le plus important lieu saint de la Grèce antique. Bâtis par une cité victorieuse ou une famille reconnaissante, ils servaient de dépôt pour les offrandes. Les artistes les parèrent de somptueux décors : moulures, peintures, frises sculptées, caryatides...

L'esprit de l'hellénisme

À partir du 4e s. av. J.-C., des changements marquent profondément l'architecture grecque. Au 5e s. déjà, Hippodamos de Milet proposait de remodeler totalement l'**urbanisme grec**, en appliquant à la cité un plan orthogonal. Ce plan se propage ensuite par le biais des conquêtes d'Alexandre le Grand. Parmi les grandes nouveautés architecturales de l'époque apparaissent la multiplication des remparts autour des villes, celle des **portiques** (*stoa*) autour des sanctuaires et des agoras, mais aussi l'émergence et le rapide succès du **théâtre**, dont celui d'Épidaure est un modèle du genre. Alors qu'à

l'origine, il consistait en une simple esplanade en terre battue, entourée de gradins en bois, le théâtre grec est désormais construit en pierre. Les gradins dessinent alors une conque semi-circulaire, et la scène se voit précédée d'une estrade, qui gagnera en profondeur *(voir p. 53)*.
Le centre de l'hellénisme se déplace hors de Grèce, et les rivalités entre les royaumes grecs indépendants s'expriment alors aussi bien dans le domaine politique que dans une architecture fastueuse. Cette évolution des mœurs pénètre aussi dans la demeure du particulier. Au 4e s., l'affaiblissement du sens civique et la montée de l'individualisme correspondent au désir nouveau d'afficher sa réussite personnelle.

La sculpture antique

Kouros et kore

Au 7e s. av. J.-C. apparaît la grande sculpture grecque, inspirée des modèles égyptiens, avec l'un des thèmes favoris de la **statuaire archaïque**, répondant à une fonction religieuse : le kouros et la kore. Ils prennent place dans un sanctuaire, en offrande à la divinité, et on les retrouve sur les tombes en souvenir de la personne défunte. De marbre, de calcaire *(poros)* ou de bronze, le **kouros** représente un jeune homme nu, debout, pied gauche avancé, bras allongés et soudés le long du corps, poings serrés. Son équivalent féminin, la **kore**, figure une jeune fille debout, pieds joints, un bras le long du corps, l'autre replié sur la poitrine.

L'âge classique, ou la libération du corps

Après une période de transition, dite « sévère », illustrée par le superbe Aurige de Delphes, l'époque classique se libère peu à peu de la rigidité du modèle du *kouros*. Au 5e s. – **premier âge classique** –, Athènes exerce une suprématie absolue sur le monde grec, attirant la plupart des grands artistes, dont **Phidias**. Auteur de la statue chryséléphantine (d'or et d'ivoire) de Zeus olympien, aujourd'hui disparue mais considérée de son temps comme l'une des Sept Merveilles du monde, il est aussi à l'origine des décors du Parthénon.
À Argos brille un autre sculpteur de génie, **Polyclète**, qui crée un canon de proportions selon lequel la hauteur totale du corps doit être égale à sept fois celle de la tête. De ses œuvres ne subsistent que des copies romaines, dont le célèbre Doryphore en bronze.
Au second âge classique (4e s.), l'Athénien **Praxitèle** donne plus de naturel et de grâce aux attitudes.
Scopas de Paros impose quant à lui un art réaliste. Dans la même lignée, **Lysippe de Sicyone** réalise de nombreux portraits de son protecteur Alexandre le Grand et des statues de bronze. Il crée un nouveau canon suivant lequel le corps équivaut à huit fois la hauteur de la tête. Son élève, **Charès de Lindos**, adopte ce modèle pour sa gigantesque statue en bronze d'Hélios (le Soleil), le fameux Colosse de Rhodes, de plus de 30 m de haut, classé lui aussi parmi les Sept Merveilles du monde.

Les vases grecs : mémoire de la peinture

Des vives couleurs qui rehaussaient l'architecture des grands monuments de la Grèce antique, tout ou presque a disparu. Reste le décor des céramiques. Au 9e s. av. J.-C., la décoration des vases se réduit à de simples bandes de **dessins géométriques** autour de la panse. Hommes et animaux apparaissent dès le siècle suivant, mais très schématisés. L'essentiel de la production de céramiques géométriques se concentre en Attique, et surtout à Athènes.

Figures noires...

Dans la seconde moitié du 8e s., la multiplication des contacts avec le Proche-Orient entraîne de profonds bouleversements. Corinthe devient le centre d'une production florissante d'**inspiration orientale**. Les motifs géométriques laissent place à des palmes, des rosettes, des fleurs de lotus, ainsi qu'à des lions, des panthères ou des sphinx. La technique à figures noires permet de donner beaucoup plus de réalisme aux corps : les figures sont peintes en noir sur le rouge de la terre cuite, puis les détails sont rendus par des incisions effectuées à la pointe ; des traits blancs ou rouges soulignent les contours des corps.

... et figures rouges

Au 6e s., l'Attique s'affirme à son tour comme le principal centre de production de la céramique à figures noires. Outre les scènes mythologiques, les sujets s'attachent principalement à des épisodes de la vie aristocratique. Vers 525, cette technique cède peu à peu la place à celle dite à figures rouges. Sur un fond noir, l'artiste peint les détails en rouge. Le traitement des formes et des visages dans la peinture suit une évolution parallèle à son développement dans la sculpture : les sentiments s'exacerbent et les corps se dévoilent. **Polygnote de Thasos** (5e s. av. J.-C.) fait ici figure de précurseur. À la fin de l'âge classique, tandis que la peinture sur vase s'essouffle, la **peinture murale** fait son apparition. Les fragiles **lécythes blancs**, attachés aux rites funéraires, donnent une idée de son degré de raffinement.

Byzance, ou l'art du christianisme

En passant sous domination étrangère, la Grèce semble avoir perdu sa vitalité artistique. Seule l'architecture religieuse fait exception et permet aux Grecs d'exprimer une conception architecturale originale.
Dans un premier temps (4e-6e s.), triomphent les églises de **type basilical**, inspirées de l'architecture civile romaine. À partir du 6e s., la coupole devient l'élément principal autour duquel s'édifie l'église byzantine. Celle-ci adopte alors des dimensions plus modestes et le **plan en croix grecque** s'impose, avec une **coupole** à la croisée du transept. De magnifiques décors de mosaïques révèlent aux fidèles les différentes scènes des Évangiles.
Au 14e s. apparaît à Mystra un curieux mais intéressant mélange des modèles

architecturaux précédents : un plan basilical au sol, surmonté à l'étage d'un plan en croix grecque. Plusieurs monastères construits à cette période obéissent à ce principe.
Peu à peu, les mosaïques cèdent la place aux **fresques** qui, en reprenant les mêmes codes de représentation, se révèlent moins onéreuses.

Les temps modernes

Entre Ottomans et Vénitiens

Avec la conquête turque, l'art purement grec disparaît pratiquement pour quatre siècles. Mosquées, hammams, bazars et caravansérails ponctuent bientôt les paysages.
Sous la domination ottomane, l'art chrétien ne résiste qu'au mont Athos et dans les possessions vénitiennes de Crète et des îles Ioniennes.
L'**influence de Venise** s'y révèle en effet très sensible, en particulier dans l'**architecture militaire**. L'architecture civile hérite quant à elle d'élégantes **loggias**. Sans oublier les **fontaines**, symbole de la prospérité du pouvoir en place, qui rivalisent de raffinement avec celles des Turcs. Venise imprime aussi son influence dans la **peinture** : des artistes grecs marient avec talent dans leurs **icônes** la rigueur byzantine à l'inspiration sensuelle et le souci de la forme des Vénitiens. Le plus renommé de ces peintres, Domenikos Theotokopoulos, passera à la postérité sous le nom d'**El Greco** (1541-1614).

J.-P. Lescourret/hemis.fr

Monastère Vrondohion, à Mystra.

Le néoclassicisme, ou la renaissance de l'antique

La défaite ottomane et la libération de la Grèce, en 1821, entraînent un renouveau artistique. Les symboles de la domination turque sont effacés et l'on remet en valeur les monuments de l'Antiquité grecque.
Le **style néoclassique** trouve ainsi en Grèce un terrain de prédilection. Introduite par des artistes étrangers, cette tendance semble s'imposer d'elle-même dans la (re)construction des édifices publics, en particulier à Athènes.

Mythologie : héros et dieux de l'Antiquité

Les légendes et les récits mettant en scène les dieux et les héros de la **mythologie grecque** nous semblent familiers, tant ils font partie de notre culture. D'Eschyle à Molière, d'Euripide à Racine, de Virgile à Cocteau, ils ont inspiré les plus grands auteurs. Derrière les péripéties de leurs nombreux personnages se cache un monde de symboles, reflet fantastique d'événements historiques et de pensées philosophiques.
De ce vaste recueil aux contours si mouvants, tentons de tracer quelques grandes lignes, sachant que chaque poète de l'Antiquité a sa propre version des amours de tel dieu ou des tribulations de tel héros.

Les divinités préolympiennes

Au commencement était le Chaos, suivi de Gaia (la Terre), puis d'Éros (l'Amour). Gaia engendre Ouranos (le ciel étoilé), les montagnes, les nymphes et la mer. Régnant sur le monde, Ouranos et Gaia s'unissent pour enfanter la deuxième génération divine, celle des Ouranides, comptant parmi eux les douze **Titans**, les trois **Cyclopes** et les trois Hécatonchires (« qui a cent bras »).
Mais Ouranos retient sa progéniture prisonnière dans les profondeurs de la Terre, ce qui entraîne sa perte : ne supportant pas le traitement infligé à ses enfants, Gaia complote avec Cronos, dernier-né des Titans. Aidé de ses frères et sœurs, Cronos lui coupe les testicules. De sa semence naissent les Érinyes, déesses de la vengeance, les Géants, les Nymphes des frênes ainsi que, selon certains auteurs, **Aphrodite**.
Le jeune Titan prend la place de son père et épouse sa sœur **Rhea** avec qui il projette d'assurer sa descendance. Une terrible prédiction l'informant qu'il serait un jour détrôné par l'un de ses enfants vient contrer ses projets. Il n'hésite pas à les avaler à leur naissance, **Zeus** excepté.
Devenu adulte, ce dernier libère ses frères et sœurs et engage avec eux la lutte contre Cronos et les Titans. La **guerre des Titans** dura dix ans jusqu'à la victoire des Olympiens.

La naissance des hommes

Selon Hésiode, les premiers hommes seraient nés de Gaia. Ils vivent à l'unisson avec les dieux jusqu'au jour où **Prométhée**, descendant d'un Titan, cherche à favoriser les hommes aux dépens des dieux pour le partage d'un bœuf. Irrité, Zeus décide de retirer le feu aux hommes. Mais Prométhée ose défier une nouvelle fois le dieu tout-puissant, en dérobant le feu et en le rendant aux hommes. La colère de Zeus se révèle à la mesure de l'outrage : Prométhée est lié par des

La déesse Athéna.

chaînes au sommet du Caucase, et son foie d'immortel dévoré sans fin par un vautour.
Pour se venger des hommes, Zeus crée la femme, dotée par chaque dieu de l'Olympe d'une qualité différente. **Pandore**, « le présent de tous les dieux », est ainsi offerte à Épiméthée, le frère de Prométhée. Une fois sur Terre, elle découvre une étrange jarre et ne peut retenir sa curiosité : elle l'ouvre, et tous les maux de la terre s'en échappent, suivis de l'espérance. L'humanité est punie.

Les dieux de l'Olympe

Composé de douze membres, qui varient selon les époques et les auteurs, le « Conseil des Grands Dieux » compte pour représentants constants **Zeus** ainsi que ses cinq frères et sœurs. Zeus reçoit de l'Olympe le ciel. Il obtient rapidement la prééminence sur ses frères et sœurs. Véritable maître de l'Univers, il protège les familles comme les cités, et fait régner la justice et l'équité. On le voit souvent représenté trônant au sommet de l'Olympe, doté d'une généreuse barbe, un sceptre dans une main et la foudre dans l'autre. Il affiche un penchant immodéré pour les femmes. Aussi multiplie-t-il les aventures avec des déesses et des mortelles qui lui vaudront une nombreuse progéniture divine.
Poséidon, son premier frère, règne sur les mers. Dans les profondeurs marines se cache son palais, qu'il quitte de temps à autre sur un char somptueux, son trident à la main et accompagné d'un cortège de monstres marins, les Tritons.

Hadès, le second frère de Zeus, obtient le monde souterrain et le royaume des morts. Il enlève **Perséphone**, la fille de Zeus et de Déméter, avant de l'épouser.
Hestia, déesse du foyer, est l'aînée des trois sœurs de Zeus. Restée vierge, elle ne quittera jamais l'Olympe.
Sa sœur, **Déméter**, est la déesse de la terre cultivée et des céréales. Elle laisse dépérir les moissons, de chagrin, lorsque Hadès lui dérobe sa fille. Elle obtient finalement que Perséphone vive avec elle six mois de l'année, des premières pousses de printemps jusqu'aux semailles de septembre.
Héra est à la fois la troisième sœur de Zeus et son épouse légitime. Elle est la protectrice de la fidélité conjugale et une déesse de la végétation.
D'autres dieux et déesses, tous enfants de Zeus, s'imposent par leurs pouvoirs. Il s'agit d'**Apollon** (dieu de la poésie, de la musique et du chant, dieu guérisseur, protecteur des champs et des troupeaux), d'**Héphaïstos** (divinité des arts de la forge et du travail des métaux), d'**Arès** (dieu de la guerre), d'**Athéna** (déesse guerrière, protectrice des cités, des travaux féminins et de la paix), d'**Artémis** (déesse de la fécondité), et enfin de la déesse de l'amour et de la beauté, **Aphrodite**.
Citons aussi le dieu de la vigne et de l'ivresse, **Dionysos**, parti à la conquête de l'Orient sur un char tiré par des panthères, le verre de vin à la main, accompagné de créatures en transe, dont les **bacchantes** et les **satyres**, ainsi qu'**Hermès**, le messager des dieux. Inventeur de la lyre et de la flûte de Pan, il est honoré aussi comme le dieu des voyageurs, du commerce,

des bergers et du sport, et son esprit rusé en fait également le protecteur des voleurs !
Les dieux profitent des plaisirs de la vie. Leurs amours et leurs intrigues sont conformes à celles des hommes.

Les grands cycles légendaires

À côté de cette mythologie, des récits épiques mettent en scène héros, dieux et monstres fabuleux. Ces légendes nous sont parvenues par un ensemble de textes, dont les plus anciens sont les épopées mises en « chants » par Homère dans *L'Iliade* et *L'Odyssée*.

La quête de la Toison d'or

À la mort de son père, le jeune **Jason** se voit subtiliser le trône par son oncle Pélias. Celui-ci accepte de le lui rendre à condition qu'il lui rapporte la Toison d'or, une peau de bélier ailée et couverte d'or, gardée par le dragon du roi Aiétès. Jason embarque à bord de l'*Argo*. Accompagné de cinquante **Argonautes** – parmi lesquels Héraclès, les jumeaux **Castor et Pollux** et le musicien **Orphée** –, il affronte diverses épreuves. Outre les pouvoirs de ses compagnons, il reçoit l'aide de la fille d'Aiétès, **Médée**, dont il tombe amoureux. Grâce aux pouvoirs magiques de cette dernière, Jason parvient à s'emparer de la précieuse toison.

Thésée et le Minotaure

Thésée, fils du roi d'Athènes **Égée**, accomplit toute une série d'exploits, dont le plus célèbre est son combat contre le **Minotaure**.
Né de l'accouplement d'un taureau et de Pasiphaé, la femme de Minos, roi de Crète, ce monstre vit dans un labyrinthe conçu par l'architecte **Dédale**. Tous les neuf ans, Minos exige que les habitants d'Athènes livrent en pâture au Minotaure sept jeunes hommes et sept jeunes filles. Thésée se porte volontaire. Il parvient à tuer la bête et, grâce à une pelote de fil donnée par **Ariane**, la fille de Minos, il sort du labyrinthe et embarque pour Athènes. Hélas, il oublie de hisser des voiles blanches en signe de victoire. Croyant son fils mort, Égée se jette de chagrin du haut de l'Acropole.

La guerre de Troie

Héra, Athéna et Aphrodite se réunissent pour participer au « concours de la plus belle déesse ». Le prix, une pomme d'or, doit être remis par **Pâris**, fils du roi de Troie **Priam**. Or, Aphrodite achète le jeune homme en lui promettant l'amour de la plus belle des femmes, **Hélène**, épouse du roi de Sparte **Ménélas**. Pâris enlève Hélène et l'emmène à Troie, provoquant la guerre. D'un côté, les Achéens conduits par **Agamemnon**, roi de Mycènes et frère de Ménélas ; de l'autre, les Troyens aidés par **Énée**, fils d'Aphrodite.
Un siège de neuf ans s'achève avec l'épisode du **cheval de Troie** lorsque Agamemnon et ses hommes se cachent dans un immense cheval de bois pour faire tomber Troie.

Le théâtre grec

Probablement issu de formes de spectacles pratiquées par les Minoens (2700-1200 av. J.-C.), le théâtre de l'Antiquité grecque atteint son apogée à Athènes au 5e s. av. J.-C. Destinés à accueillir des cérémonies vouées à Dionysos, les premiers théâtres consistent en de simples **esplanades de terre battue**, entourées de gradins de bois. Au centre trône un autel consacré à la divinité, autour duquel évolue le chœur.

De très grands festivals

Très vite, le théâtre déborde l'aspect strictement religieux pour devenir, au 5e s. av. J.-C., le cadre où se déroulent des concours littéraires, des « tragédies ». À cette époque, les trois principaux festivals de théâtre sont les « Dionysies champêtres », les « Lénéennes » et les « Grandes Dionysies ». Ils donnent lieu à des concours en tétralogies (trois tragédies et un drame satyrique). À l'issue du festival, un jury délibère pour désigner l'auteur de la meilleure pièce. Malgré leur importance, ces spectacles se déroulent dans des théâtres en bois jusqu'au 6e s. av. J.-C., lorsqu'apparaissent les premiers ouvrages de pierre, dont le célèbre **théâtre d'Épidaure**. Désormais, les **gradins** s'inscrivent dans une **conque semi-circulaire** *(cavea)* édifiée à flanc de colline, tandis que, dans l'*orchestra*, l'autel est déplacé pour ne pas gêner le chœur. Le théâtre est alors organisé de manière à instaurer une communication avec les dieux. Les acteurs, qui portent des cothurnes (chaussures lacées) et de grands masques, peuvent dépasser deux mètres vingt. Les masques modifient leurs voix.

La naissance de la scène

La scène *(skéné)*, contrairement au rôle qu'elle tient aujourd'hui, sert à l'époque de coulisses et de décor. Il lui sera adjoint le *proskenion*, une estrade étroite et longue. Le théâtre moderne tel que nous le connaissons aujourd'hui a hérité de ces dispositifs.

Gargolas/Getty Images Plus

Théâtre du sanctuaire d'Apollon, à Delphes.

Les Jeux olympiques

L'altis, bois sacré d'Héraclès

Olympie occupe une fertile vallée arrosée par le fleuve Alphée – que, selon la mythologie grecque, Héraclès détourna pour nettoyer les écuries d'Augias –, et son affluent le Kladeos. Depuis le 3e millénaire av. J.-C., une forêt d'oliviers, de chênes et de pins y constituait un sanctuaire. Le même Héraclès y aurait posé une clôture délimitant un bois sacré ou *altis* (« bosquet »). Ici furent tout d'abord honorés **Zeus** – qui avait délogé de l'Olympe son père Cronos –, puis le roi **Pélops** – devenu souverain du Péloponnèse en tuant le roi Œnomaos et en épousant sa fille Hippodamie. La célébration de ces deux victoires serait à l'origine des Jeux d'Olympie. Mais la date de leur fondation n'est pas connue. Toujours selon la tradition, la première olympiade, mêlant épreuves sportives et cérémonies religieuses en l'honneur de Zeus Olympien, aurait eu lieu en **776 av. J.-C.** Toutefois, des traces d'offrandes et de sacrifices datant du 10e s. av. J.-C. ont été découvertes sur place. D'ailleurs, la légende veut qu'en 884 av. J.-C., alors qu'une épidémie de peste ravageait la Grèce, **Iphitos**, roi d'Élide, consulta la Pythie de Delphes qui lui conseilla de créer des Jeux à Olympie afin d'apaiser la colère des dieux.

Douze siècles de jeux

Organisés tous les quatre ans, en été, les Jeux se déroulèrent pendant environ douze siècles, jusqu'en 393 apr. J.-C. Éminemment religieuses, les épreuves se disputèrent d'abord devant le **temple de Zeus**, avant que de nouvelles installations soient aménagées. Les festivités attiraient en effet une foule estimée à 150 000, voire 200 000 personnes. À l'exception de la **prêtresse de Déméter Chamyné**, seuls les hommes pouvaient assister aux Jeux.
Le site prit sa configuration définitive au 4e s. av. J.-C., avec la construction du **portique d'Écho**. Séparant l'aire sportive de l'Altis, il symbolisait la transformation des Jeux en un rassemblement de plus en plus sportif et de moins en moins religieux. L'événement fut finalement victime de son succès avec l'organisation de Jeux concurrents à Rome, en 80 av. J.-C., où les athlètes grecs se voyaient offrir d'énormes sommes d'argent.
Les Jeux déclinèrent ensuite, faute de s'adapter aux nouvelles réalités d'un empire dans lequel le christianisme était devenu religion d'État en 380. En 369, se tint la dernière édition connue. Les Jeux perdurèrent toutefois jusqu'en 393. L'année suivante, **Théodose Ier** interdit l'événement, taxé de paganisme.
Laissé à l'abandon, le sanctuaire fut pillé par les Goths en 395, puis détruit par l'empereur byzantin Théodose II en 426, avant d'être touché par deux tremblements de terre et enseveli par des crues au 6e s.

Place aux athlètes

D'abord réservée aux **cités grecques**, puis aux colonies les plus lointaines à partir du 5e s. av. J.-C., l'Olympiade donnait lieu à une **trêve sacrée** pendant une quarantaine de jours. Avant le début des jeux, des hérauts allaient annoncer dans tout le monde grec le début de la trêve. Les athlètes partaient alors s'entraîner dans la cité d'**Élis**, puis, pendant cinq jours, se déroulaient les Jeux. Après la conquête romaine, les athlètes romains purent également participer.

De multiples **processions cultuelles** précédaient les épreuves. Les athlètes se rendaient au **bouleutérion** pour jurer sur l'autel de Zeus respect et obéissance aux règles olympiques. Puis c'est nus, oints d'huile d'olive, qu'ils se consacraient à leur spécialité. L'hippodrome accueillait les **courses de chevaux et de chars**, le stade les **courses à pied**, les compétitions de **lutte**, de **pugilat** (sorte de boxe) et de **pancrace** (mélange de lutte et de pugilat), et enfin le **pentathlon**, qui cumulait le lancer du disque et du javelot, la course, le saut et la lutte. À l'issue des épreuves, chaque vainqueur recevait une palme, puis, le dernier jour des Jeux, il se voyait coiffé du **kallistephanos** (« belle couronne »), une tresse de rameaux d'olivier taillés avec une serpe d'or dans l'olivier sacré de l'Altis. Au cours du banquet donné en leur honneur, des poètes chantaient leurs louanges et des sculpteurs les immortalisaient dans la pierre.

Les cités dont ils étaient originaires élevaient à Olympie des *ex-voto* ou des trésors, avant de les accueillir chez eux comme de véritables demi-dieux.

L'olympisme retrouvé

Enfoui sous 3 à 4 m de décombres, le site d'Olympie est identifié par l'Anglais Richard Chandler en 1766. En 1829, des scientifiques français, de l'**expédition de Morée**, exhument les premiers fragments... qu'ils transfèrent aussitôt au Louvre. Le nouvel État grec fait alors interrompre les fouilles et les confie à l'**Institut archéologique allemand d'Athènes**, qui met au jour le sanctuaire jusque dans les années 1950.

Le mérite d'avoir ressuscité les Jeux olympiques revient au Français Pierre Frédy, **baron de Coubertin** (1863-1937). Convaincu que le sport est l'une des meilleures écoles pour l'apprentissage de la liberté et de la responsabilité collective, il organise le 16 juin 1894, à la Sorbonne, le « Congrès pour le rétablissement des Jeux olympiques ».

Saluée par 60 000 spectateurs, l'ouverture des premiers Jeux olympiques des temps modernes a lieu le 5 avril 1896 dans le **stade panathénaïque d'Athènes**.

Olympie a renoué avec l'olympisme en 2004 avec les Jeux d'Athènes, dont les épreuves de lancer de poids sont organisées dans le stade antique. Le site revit aussi lors de la **cérémonie de la flamme olympique**, allumée tous les deux ans par les rayons du soleil devant le temple d'Héra.

Gastronomie

La cuisine grecque porte en elle les influences de nombreux peuples et civilisations. Elle demeure avant tout une **cuisine de soleil**, chargée de parfums d'olive, d'origan et de miel. Ancrés dans la tradition, les menus changent peu d'un établissement à l'autre. Mais les choses évoluent. Depuis quelques années, on constate une hausse de la qualité et une plus grande diversité de recettes régionales dans les restaurants. À la recherche de plus d'authenticité, la clientèle locale est effet davantage sensible au *« made in Greece ».*
Notre sélection de restaurants dans « Se restaurer », p. 100)

La salade grecque

La « salade grecque » (*horiatiki*, littéralement « salade du village »), figurant sur tous les menus, est un plat simple qui se compose de tomates mûries, grossièrement coupées, de rondelles de concombre, poivron et oignon, le tout recouvert de fromage de brebis, de chèvre ou de vache – le plus souvent une tranche de **feta** –, assaisonné d'huile d'olive et rehaussé d'origan, d'olives, parfois de câpres. Une salade qui prend toute sa saveur en été.

La ronde des mezze

Au *mezedopolio* et à l'ouzerie, les boissons sont accompagnées par des mezzés – terme d'origine turque désignant de petits plats froids ou chauds, à base de viande, poisson, fromage ou légumes. Leur éventail va du plus simple – des olives et une tranche de feta – au plus sophistiqué : champignons farcis dans une sauce au vin, fromage frit *(saganaki)*, boulettes de viande frites *(keftedes)*, beignets de courgettes *(kolokithokeftedes)*, de tomates *(domatokeftedes)* ou d'aubergines *(melitzanokeftedes)*, ou encore feuilles de vigne ou de choux farcies *(dolmades* et *lahanodolmades)* et nappées d'une sauce citronnée.

Des grillades sur le pouce

Pour manger vite fait dans la rue, rien de mieux que le **gyros** : de la viande de porc, d'agneau ou de poulet rôtie sur une broche verticale et découpée en lamelles durant la cuisson. Vous pouvez aussi opter pour le **souvlaki**, une petite brochette de viande. Les deux se dégustent enveloppés dans une **pita** (galette de pain) farcie d'oignons, de tomates, de yaourt aillé et saupoudrés de paprika. Vous pouvez aussi manger un savoureux **tiropita** (feuilleté au fromage) ou un **spanakopita** (aux épinards).

La cuisine au four

Les tavernes, quant à elles, proposent diverses viandes (agneau, porc, bœuf, volaille, lapin, et même chèvre) au gril ou dorées au four. L'un des plats nationaux est, bien sûr, la célèbre **moussaka**, gratin d'aubergines et de viande hachée à la sauce tomate, nappé de béchamel. Mais connaissez-vous le **kokinisto**, daube parfumée des îles de Sifnos et de Tinos, ou le **pastichio**, gratin de macaronis et de viande, avec, comme dans la moussaka, de la sauce tomate et de la béchamel ?

Poissons et fruits de mer

La Grèce possède un grand choix de produits de la mer. Cependant, l'abondance en poissons est inégale selon les régions, et la demande des touristes est telle que les pêcheurs grecs n'y suffisent pas. Aussi, nombre de restaurants servent-ils des surgelés (mention obligatoire sur le menu) tandis que les poissons frais, servis au poids, peuvent coûter très cher (de 40 € à plus de 70 €/kg selon la catégorie). Si vous optez pour ces derniers, demandez à choisir en cuisine (c'est la coutume). Vous trouverez **rouget** *(barbounias)*, **mérou** *(rofo)*, **sole** *(glossa)*, **dorade** *(sfirida)*, **poulpe** *(chtapodia)* ou encore **calamar** *(kalamarakia)* simplement grillés ou cuisinés au vin rouge.

Le mythe de la frugalité

Ne vous y trompez pas. Malgré sa réputation de frugalité, la cuisine grecque, particulièrement riche en huile d'olive, correspond peu à l'idéal du célèbre « régime crétois ».

Les vins du pays de Dionysos

Dans le fameux « Banquet de Platon », Socrate consacre une large place aux vins. Dans le Péloponnèse, le **vin résiné** (« retsina ») a perdu du terrain face à des vins plus « consensuels », servis en pichet d'un litre (« kilo ») ou d'un demi-litre (« miso kilo »). En général, ces crus de petits producteurs locaux s'avèrent excellents, et leur prix est attractif : de 7 à 10 € le litre.
La Grèce et ses îles comptent aussi une variété de grands vins, rouges ou blancs. Au restaurant, leur prix tourne autour de 20 à 40 € la bouteille de 75 cl, voire plus. Parmi les blancs, il faut goûter au **mandinia d'Arcadie** et au **roditis de l'île de Limnos**, très parfumés. Ceux de Santorin sont réputés pour leur arôme particulier, hérité de la terre volcanique de l'île, mais chers, pour certains issus du cépage malvoisie. La Macédoine produit aussi des vins rouges et blancs de qualité. On y rencontre de plus en plus de nectars issus des cépages classiques : merlot, cabernet-sauvignon, syrah pour les rouges, chardonnay pour les blancs. Dans le Péloponnèse, goûtez aux vins de Néméa, la plus grande des appellations d'origine contrôlée grecques. Quant aux vins doux, testez les **muscats de Santorin, de Samos et de Patras**, et les vins rouges doux des Cyclades, de Crète et de Patras, tirés du mavrodaphne (vin rouge liquoreux, doux et corsé à la fois). Cependant, un voyage en Grèce ne saurait se passer d'un petit verre d'**ouzo**, le « pastis » grec élaboré à partir d'alcool neutre parfumé à l'anis ou à la badiane. On le savoure entre amis à l'ouzerie, accompagné d'un délicieux assortiment de mezzés.

Assortiment de mezzés grecs.

H

I

J

K

L

M

N

O

P

R

S

T

U-V

Y-Z

Crédits photographiques p. 4-5
(de gauche à droite et de haut en bas)
MaxTopchij/Getty Images Plus
TPopova/Getty Images Plus
Olena_Z/Getty Images Plus
gbarm/Getty Images Plus
J.-P. Lescourret/hemis.fr
Jon Arnold Images/hemis.fr
Cameris/Getty Images Plus
asiafoto/Getty Images Plus
Charalambos Andronos/Getty Images Plus
Gatsi/Getty Images Plus

Collection sous la direction de Philippe Orain

Responsable d'édition et rédactrice en chef du guide : Camille Bouvet

Secrétaire d'édition	Catherine Girard
Rédaction	Jordane Bertrand, Olivier Bizet, Eva Cantavenera, Véronique Chabrol, Céline Chaudeau, Richard Couedel, Lionel Crooson, Stéphanie Debord, Sophie Debreil, Joanna Dunis, Hugues Festis, Erwan Garnier, Mathieu Guillochon, Gilles Guérard, Serge Guillot, Jean-Philippe Henry, Nathalie Kholodovitch, Christine Legrand, Philippe Longin, Nicolas Jury, Denis Montagnon, Claire Mounier, Jean-Paul Nail, Tiphaine Saint-Cricq, Jérôme Souty, Florence Veremis
Ont contribué à ce guide	Dănuț-Marian Țucă, Theodor Cepraga et Costina-Ionela Lungu (**Cartographie**), Véronique Aissani, Carole Diascorn (**Couverture**), Marie Simonet, Marion Capera, Ilona D'angela (**Iconographie**), Irina Răcaru, Severin Vlad, Theodor Cepraga, Paula-Ecaterina Cepraga (**Données objectives**), Bogdan Gheorghiu, Cristian Catona, Hervé Dubois, Pascal Grougon (**Prépresse**), Dominique Auclair (**Pilotage**) Plans de ville : © MICHELIN 2022 et © 2006-2018 TomTom. All rights reserved.
Conception graphique	Laurent Muller (maquette intérieure) Véronique Aissani (couverture)
Régie publicitaire et partenariats	contact.clients@editions.michelin.com *Le contenu des pages de publicité insérées dans ce guide n'engage que la responsabilité des annonceurs.*
Contacts	Vous souhaitez nous contacter ? Rendez-vous dans la rubrique contact de notre site internet : editions.michelin.com **Parution 2023**

MICHELIN Éditions

Société par actions simplifiée au capital de 487 500 EUR
57 rue Gaston Tessier – 75019 Paris (France)
R.C.S. Paris 882 639 354

Dépôt légal : 01-2023 – ISSN 0293-9436
Compograveur : MICHELIN Éditions, Voluntari (Roumanie)
Imprimeur : Estimprim, Autechaux
Imprimé en France : 12-2022

Usine certifiée 14001
Sur du papier issu de forêts bien gérées